救いの風景

田原亮演

Tahara Ryoen

東方出版

もくじ

第一章　苦と迷いの中で

7　孤独と向かう

世の中には、人とあまり交わらずに、一人で過ごしている人が多くいます。また、人々から相手にされないために、孤独にならざるを得ない人もいます。都会は人が集まる場所ですが、ほとんどが他人であり、結構孤独な人が多いものです。表面的には、テレビやビデオなどがそろっているので、孤独をまぎらわすことができます。しかし、一時的にまぎらわしても、孤独を感じるようになってしまいます。孤独は、寂しさ、わびしさや妄想《もうぞう》を伴います。

本来、人は孤独な存在なのかもしれません。この世に生まれてくるのは一人であり、死ぬときも一人です。たとえ心中しても、死は別々です。幸福の絶頂にあっても、孤独を背負ったままの幸福です。そのため、幸福であっても孤独を感じてしまうわけです。

それでは、どんなときに孤独を感じるのでしょうか。それは、心が沈んだときに感じるわけです。心が沈むのは、染心《ぜんしん》が原因です。染心によって心が沈み、孤独を感じるのです。染心は煩悩であり、執着《しゅうじゃく》する心です。しかも、生きることが嫌になるというように、迷いの方向に執着します。心が沈む方向に執着するというわけです。つまり、孤独を感じることは、煩悩だということです。煩悩であるということは、縁によっていつでもどこでも孤独を感じるということです。

行中《ぎょうちゅう》、孤独感に襲われたことは度々あります。行の道に入った初めのころは特にそうでした。五十日間で虚空蔵菩薩《こくうぞうぼさつ》のご真言を百万遍お唱えする求聞持法《ぐもんじほう》という行があります。山中に入っての一人の行で、他人との交わりはありません。正に孤独の行です。午前二時の起床に始まり、夕方までお堂に入って行を続けるわけです。このような状況の中、妄想に苦しめられました。妄想が妄想を呼び、まるで雪の固まりを転がして雪だるまを作るように妄想がふくらんでしまうことがありました。

求聞持法を途中で止めた行者が何人かいましたが、恐らく妄想に負けたのだと思います。「寺に大変なことが起きた。山で行をしている場合ではない。急いで寺に帰らなければならない」と妄想して挫折した行者がいました。また、このような粗末な食事では五十日間も行ができないと思い込んで、食べてはいけないものまで食べてしまった行者もいます。

求聞持堂からさらに山奥に三十分ほど歩いた所に奥院《おくのいん》があります。ある年、ここに籠って一週間断食をして冥想に専念したことがありました。生き物に接したのは、毎晩枕許を徘徊するネズミと、時々出てくるムカデや地面を這うアリ、それに鳥ぐらいでした。

山中の暗闇が、孤独感をより強くしました。電気は通っていないので、ロウソクの灯だけがたよりでした。「以前三、四人で参籠《さんろう》していたとき、真夜中に戸口をたたく音がするので戸を開けたところ、血刀をさげた全身血だらけの武士が立っていた」という参籠所にまつわる話を聞かされていたので、無気味さと孤独感がより一層強くなりました。そして、妄想に悩まされたのです。

修行の功徳なのでしょうか。冥想に取り組んでいるうちに、無気味さと孤独感が和らいできました。新緑に覆われた樹木を見たり、木立の間を吹きぬけていく風と葉ずれの音や谷間を流れるせせらぎを聞いたり、木洩れ日の暖かさを感じたりしているうちに、孤独が寂しいとは思わなくなりました。決して孤独ではない、樹木や水、空気や日差しが支えてくれているではないか、自然は見せてくれているではないかと思えるようになったのです。

今にしてみれば、天台大師《てんだいだいし》(一)の

「一色一香《いっしきいっこう》も中道《ちゅうどう》にあらざることなし」

を何となくわずかに感じていたということでしょう。

「中道」は、ここでは真理・真実の世界という意味です。全体を意訳してみますと、「花の一つの色、花の一つの香りは、小さなものであるが、たとえ小さな色、香りといえども、真実を表している。如来のいのちの顕われである」となるかと思います。

現代人は、あまりにも便利な世の中になって、孤独に耐える力が弱くなっているように思えます。孤独には、確かに寂しくつらい面もありますが、孤独は自己を見直し、見つめる絶好の機会でもあります。

室生犀星の詩「都にのぼりて」に、

わが手にしたたるものは孤独なり
身をみやこの熱鬧《ねっとう》のなかに置けども
深深として夜《よ》はむせべるごとし
したたるものは孤独なり
窓《まど》を閉《とざ》して
なにものをか見出《みいだ》さんとするごとく
眼《まなこ》のみいや冴えかへる

とあります。

孤独の中で、自己を見つめようとしていることがうかがえます。孤独から逃げずに、自己をしっかりと見つめることを教えてくれる詩だといえます。孤独から逃げて、他のものを求めて目をそらすのは惜しいことだと思います。孤独を前向きにとらえたいものです。

仏道という意味で、私は真言宗内では孤独でした。仏道を歩む中で涌いてきた疑問点を問い質す人がいませんでした。仏道や悟りについて、語りあえる人に出会うことがありませんでした。真剣に求めれば求めるほど孤独になったわけです。

ブッダが、『スッタニパータ』で、

「最高の目的を達成するために努力策励し、こころ怯《ひる》むことなく、行いに怠ることなく、毅《つよ》い活動をなし、体力と智力とを具え、犀《さい》の角《つの》のようにただ独り歩め」

と説かれているように、独りで歩むことしかありませんでした。

私の仏道の歩みは真言宗内で孤独でしたが、玉城《たまき》康四郎《こうしろう》先生(一)の導きで行じることができたことは実に恵まれていたと思います。こちらに求める心があれば、人との縁ができるものだと実感しています。そういう意味では、決して孤独ではないといえます。

融通念仏宗《ゆうづうねんぶつしゅう》の開祖良忍上人《りょうにんしょうにん》(二)は、

「一人一切人《いちにんいっさいにん》　一切人一人《いっさいにんいちにん》」

と説いております。

この偈《げ》の意味は、一人の中には一切の人が入っており、一切の人の中には一人の人が入っているということです。つまり、この私の体の中に総ての人々の体が入っている。そして、そのままの私が総ての人々の体の中にも入っているとの教えです。もう少し具体的に言いますと、この私は他の人々から支えられており、またこの私が他の人々を支えているということです。人間は、お互いに生かしあい生かされあっているということです。

孤独だと感じていても、本来決して孤独ではないということです。煩悩がはたらいているために、孤独であると錯覚しているだけなのです。

孤独になると、妄想に支配されやすくなります。その結果、ますます孤独に落ち込んでしまって、生きることをあきらめてしまう恐れがあります。どんなことがあっても心を閉ざしてはならないと思います。

苦しくても心を開いておけば、必ず人々の支えが出てくるものです。

（平成十一年四月）

（一）天台大師　五三八〜五九七年。智顗《ちぎ》ともいう。十八歳で出家。慧思《えし》の下で修行し、二十三歳のとき開悟した。天台山に籠り天台教学を体系づけた。一念三千《いちねんさんぜん》などの独自の思想を打ち立てた中国仏教確立の第一人者とされる。

（二）玉城康四郎　元東京大学名誉教授。文学博士。希有な仏道者でもあった。ブッダの禅定を修し、深い境地を体得す。平成十一年一月十四日、晏然《あんねん》示寂《じじゃく》。行年八十三歳。精しくは本書の「仏道の体現者」参照。

（三）良忍上人　一〇七二〜一一三二年。比叡山で出家。大原に来迎院を建立し、念仏を勧めた。天台声明の中興の祖とされる。

死をどのようにとらえるか

若き日のブッダが出家《しゅっけ》した動機の一つに、死の問題があったことはよく知られていま す。ブッダが生まれて間もなく、母マーヤは亡くなっています。人は死なねばならないとの現実は、ブッダにとって大きな問題であったに違いありません。

ブッダは、死について次のように語っておられます。

「この世における人々の命は、定相《じょうそう》なく、どれだけ生きられるか解らない。惨《いた》ましく、短くて、苦悩につながれている」

「生まれたものどもは、死を遁《のが》れる道がない。老《お》いに達しては、死が来る。実に生あるものどもの定《さだ》めは、このとおりである」

これらの二句は、『スッタニパータ』にある教えです。

生には、必ず死が伴ってきます。いかなる人間でも死に直面しなければなりません。たとえ現世《げんぜ》(一)において善業《ぜんごう》(二)の功徳を積んでいても、死から逃がれることはできません。自己の力ではどうすることもできないし、神仏に祈ってもどうにもならない死を受け入れなければなりません。このことは自分自身の経験を通してではなく、他人の死に直面することによって分かってくるものです。自分自身で死を経験することはできません。生きている間は死ではないし、死がきたときは生きていないからです。

死は永遠の別れです。肉親や愛する人、親しい人との別れは悲しみであり、苦しみでもあります。浄土三部経の一つ『無量寿経《むりょうじゅきょう》』には、

「生死《しょうじ》は常の道であり、生と死は互いにそのあとをついで現れる。あるいは父が子を失って泣き、あるいは子が父を失って泣く。兄弟や夫婦が、互いに相手を失って泣く。老人と子供が逆になり、上下の順序が不定であるのは、無常の根本である」

とあります。

死は老幼、上下に関係なくやってくること、そのことが無常の根本であると説いているのです。

空海《くうかい》(三)は甥の智泉《ちせん》が死んだとき、『性霊集《しょうりょうしゅう》』の中で、

「この世の悲しみ、驚きは、すべて迷いのつくり出すうたかたのような幻であると知っ

てはいるけれども、しかし今このはかなき世で出会った愛する弟子との死別には、迷いの世のかりそめの事とは知りながら、涙を流さずにはいられなかった」と言っています。そして、

「哀《かな》しい哉《かな》、哀しい哉、哀《あわれ》が中の哀れなり。悲《かな》しい哉、悲しい哉、悲しみが中の悲しみなり」

と悲嘆に暮れています。空海の悲しみが伝わってきます。

ブッダの弟子の中でもサーリプッタとモッガラーナは、「一双の上首」と称せられた秀でた弟子でした。その二人が、相次いで亡くなりました。晩年のブッダにとって、つらいことであったに違いありません。ブッダは、サーリプッタに期待していました。『相応部《そうおうぶ》経典《きょうてん》』には、ブッダの悲しみが語られています。

「比丘《びく》たちよ、（四）サーリプッタとモッガラーナが逝《い》ってから、この集会は、わたしには、まるで空虚になってしまった。あの二人の顔の見えない集会は、わたしには、淋しくてたまらない」

しかし、この悲しみは、無常の道理を知った上での悲しみでした。ブッダは、続けられます。

「だが、比丘たちよ、この世に存するものは、何一つとして、誰れ一人として、いつまでも移ろわぬものはあり得ないのが道理であった。比丘たちよ、大いなる樹木においては、ときにはその枝のいく本かが、先きに枯れおちることもあろう。それと同じようにかの二人は、わたしに先立って逝った。この世に移ろわざるものは、あり得ないからである」

死の無常を冷静に見つめておられることがうかがわれます。

また、孔子の弟子に顔回《がんかい》という孔子の思想を一番よく理解していた人がいました。その顔回が、孔子より先に亡くなりました。孔子七十一歳、顔回四十一歳のときと言われています。

孔子は、

「噫《ああ》、天、予《われ》を喪《ほろ》ぼせり、天、予を喪ぼせり」

と大変悲しんでいます。

ブッダ、孔子、空海のような深い境地に達している偉人でも、身近な弟子の死を嘆き悲しんでおられるのです。

死は突然やってくることでもあります。普段死を意識することはありません。自分がいつ死ぬかもしれない存在であることを忘れています。意識的に死を避けている面もあります。しかし、逃げようが逃げまいが、死はわれわれを覆っています。

病気や老衰で死が徐々に近づいていれば、ある程度の死の覚悟はできてきます。それでも死は不安です。そして、一人で死んでいかなければなりません。他人はどうすることもできません。

このことをブッダは、『スッタニパータ』で次のように説いておられます。

「かれらは死に捉えられてあの世に去っていくが、父もその子を救わず、親族もその親族を救わない」

また、『無量寿経』にも、

「人は世間の愛欲の中にあって、ひとりで生まれて、ひとりで死に、ひとりで去っていき、ひとりでやってくる。苦楽の地に向かって行くにあたっては、自分自身でこれにあたるほかはなく、代わってくれるものはだれもいない」

と死の前では全く一人であり、誰かに代わってもらうことはできないと言っています。

さらに、死は生を否定してしまう力があります。たとえどんなに財産があっても、高潔な人格であっても、権力の座についていても、死の前では全く無力です。財産、人格、権力などは何の役にも立ちません。死の前で役に立つものは何もないのです。ただ虚しさだけが残ります。

死に対して無力であるがゆえに、そこから生きていく意味が出てこなければならないと思います。死があるゆえに、どのように生きるかを考える必要があります。

死をどのようにとらえるかは、生をどのように生きるかということでもあります。逆に、どのように生きるかは、どのように死ぬかということでもあります。

禅宗のある老師は、「そろそろ浮世とおさらばしましょう」と言って息を引き取ったとされています。老師は死の不安や恐怖心から自由であり、生死に対するとらわれがなかったものと思われます。

また別の高僧は、「死にたくない。死にたくない」と言って亡くなったということです。死に臨んでこのように言ったのは見苦しい、残念であるとの批評があります。逆に、死ぬ間際に正直に自己を出したのでよかったのではないのか、高僧という衣を脱いで楽になってよかったとの評価もあります。

死は、必らずやってきます。そのとき、死は自分の問題となるわけです。逃げることはできません。

（平成十一年六月）

（一）現世　現在の世のこと。
（二）善業　善い行為のこと。
（三）空海　七七四〜八三五年。弘法大師ともいう。真言密教の開祖。讃岐に生まれる。十八歳で大学に入ったが、仏教行学のため中退。求聞持法などを行じる。八〇四年、三十一歳のとき入唐。長安青龍寺の恵果《けいか》に師事し、秘法を授けられた。八一六年、四十三歳のとき高野山開創に着手。生涯の事業となった。八二三年、五十歳のとき東寺を給頂され、真言密教の根本道場とした。多くの僧俗を教化した。また文化・教育・社会事業の活動にも力を入れた。文才にすぐれ、能筆家としても名高い。八三五年、六十二歳で示寂。死後、入定信仰や大師信仰が起こった。
（四）比丘　男性の修行者のことである。女性の修行者を比丘尼《びくに》という。

死と無常

老少《ろうしょう》不定《ふじょう》という教えがあります。老人であろうが若者であろうが、年齢にかかわりなく死がやってくる。齢をとった方が先に死ぬとは決まっていない。若くてもいのちを落とすことがある、との意味です。このことは、身の回りに実話として多く経験することです。

昔は、子供が生まれてもそのまま育つとは限りませんでした。子供が生まれても、半分は育たなかったと言われています。現代の日本は、医学の進歩により生まれてすぐ死ぬことは希になりました。このことは、死を身近に感じることが希薄になった理由の一つかもしれません。

現在の日本の社会は、物質文明にどっぷりと漬かっており、人の心はモノの方に向いております。最近はその傾向が少し変わりつつありますが、モノ志向はまだ根強いようです。このような風潮も、死について考えることを削《そ》いでいるように思えます。

死について考えない風潮は、死を軽視する社会となっていくのではないでしょうか。簡単に人のいのちを奪う犯罪が多くなっていることと、死を考えない社会の風潮は無関係ではないと思います。

いくら死に対して鈍感であり、死を考えようとしなくても、依然として死から逃れることはできません。そんな人でも肉親が亡くなれば、無常《むじょう》を感じるはずです。

『テーラガーター』には、

「人の命は短くて無常であり、変滅するものであると賢者は説く」

とあります。

また、ブッダは『スッタニパータ』で、

「世間の人々は、死と老いとによって損なわれる。されば賢者は世のありさまを知って悲しまない」

と説いておられます。

人のいのちは正に無常です。命ははかないものと知ることが大切となってきます。

フランスの前大統領ミッテラン氏は主治医からガンの告知を受け、あと半年の命だと知りました。ミッテラン氏は、フランスを代表するカトリックの哲学者で、アカデミー・フ

ランセーズの重鎮ギトン氏を訪ねました。ギトン氏は、フランス社会に大きな影響を与えている哲学者でした。そのギトン氏に、

「生とは何か。死とは何か。死後の世界はあるのかどうか」

と尋ねたそうです。

ミッテラン氏の問に対して、ギトン氏は次のように返答したといいます。

「人間には、二つの死がある。一つは王の死である。もう一つは兵士の死である。王の死は実に孤独の死であるが、兵士の場合はこれに対して仲間に囲まれて死ぬ死である」

ギトン氏は、孤独の中で堂々と死ぬよう諭したわけです。

ある寺の住職が胃ガンになって、胃を全部切除するという手術を受けました。手術の後、数日過ぎて、食道と腸のつなぎ目が破れて、重い腹膜炎になりました。治療の結果、腹膜炎は良くなったのですが、本人はガンだからもう駄目であると勝手に決めてしまいました。

食事のとき、おいしく食べていると言いながら捨てていたのです。生きよう、元気になろうという気力をなくしていたようです。徐々に衰弱していくのでおかしいと医師は気づいたのですが、結局急性肺炎になって死んでしまったということです。

解剖してみると、ガンはきれいに治っており、破れたつなぎ目も問題ありませんでした。

いと思ったといいます。

医師は、がっかりしたそうです。この住職はいつも静かに念仏を称えていたようですが、医師の立場からすれば、「生きようとする意欲がない。信仰も考えものだ」と思ったといいます。

この老僧は、無常を感じて死を静かに受け入れたものと思えます。ミッテラン氏の場合は死を前向きにとらえようとしており、老僧は死をそのまま受け入れようとしました。どちらが良い悪いという問題ではありません。それでも死ぬときは、孤独で死を迎えなければならないのです。

この世の一切の存在は、いつかは必らず滅びます。永遠に存在するものは何もありません。現在ある存在は、永遠の流れの中に浮かぶ泡のようなものです。いのちをはじめ、財産、名誉もすべて消えてしまいます。無常の厳しい現実から逃れることはできないのです。

この無常の現実についてブッダは、『スッタニパータ』で次のように説かれています。

「人が『これはわがものである』と考える物—それはその人の死によって失われる。われにしたがう人は賢明にこの理を知って、わがものという観念に向かってはならない」

財産や物を所有していても、死ねばその人にとって失われたものとなります。そのため、それらのものに執着してはならない。執着すれば、そのことから苦悩になってしまうとの教えです。ものだけではありません。名声や権力なども同じことです。

「『何の誰それ』という名がかつては見られ、また聞かれた人々も、死んだあとでは、ただ名が残って伝えられるだけである」

生前活躍し、名声を馳せていても、死んだ後は名前が残るだけです。しかし、その名前すらやがて忘れられてしまい、いつかは消えてしまいます。無常の流れの中に、一時《ひととき》身を置いているに過ぎません。

空海は『性霊集』で、

「生は過ぎ去る昨日のようなもの、一瞬のうちに白髪の老いの身となる。身体が強いのは今日の朝だけであり、明日の夕方には病み死んだりすることになる。ただいたずらに秋風に揺れる木の葉のような脆《もろ》い命、朝になれば消えていく朝露のようなこの身を養っているだけである。この身が脆いことは泡のようなものである。この命が仮りのものであることは夢幻のようなものである。無常の風が一瞬吹けば、この身は瓦のように砕け、閻魔《えんま》王《おう》の使がやって来ると、肉親といえども頼ることはできない」

と人生の無常、脆さ、はかなさを語っています。

また最澄《さいちょう》(一)も『願文《がんもん》』の中で、

「風のような命は保ち難く、露のような体は消え易い」

と、いのちのはかなさを述べています。

死は、その人のすべてのものを一瞬のうちに消してしまいます。人は、死の不安や恐怖から逃れようとします。何かに救いを求めようとします。宗教が生かされるのは、このような状況からです。

正に死は無常そのものです。この無常を感じて発心《ほっしん》(一)した仏道者もいます。道元禅師《どうげんぜんじ》(二)は『正法眼蔵《しょうぼうげんぞう》』の中で、

「世も末になると、本当の道心者など、ほとんどないといってよい。しかしながら、ともかく心を無常ということにかたむけて、世のなかははかなく、人のいのちもあやういことを忘れないようにするがよい」

と言っています。無常を自覚することが、仏道の出発点であるとしています。

死に無常を感じ、死から絶対に逃れることができないと気づいたとき、逆に生の中に救いを求めようとします。この救いを求め続ける実践が、仏道を歩むことでもあります。その意味で死は、われわれに生きることへの重要な問いかけをしてくれています。

（平成十一年七月）

（一）最澄　七六七〜八二二年。日本天台宗を開創。十四歳で得度。十九歳のとき東大寺で受戒。その後、比叡山に入り禅を修し、華厳《けごん》を学ぶ。八〇四年、還学生《げんがくしょう》として入唐。台州や天台山で天台の付法を受け、八〇五年帰国。法相宗の徳一と天台教学と法相教学、一乗思想と三乗思想の是非をめぐって数年にわたって論争する。比叡山に戒壇を設け、大乗戒のみによる授戒を始めた。

（二）発心　悟りを求める心を起こし、仏道に入ること。

（三）道元禅師　一二〇〇〜一二五三年。十三歳のとき比叡山で出家。一二二三年入宋し、天童山如浄に参じて開悟。曹洞宗を開き、永平寺を建立。只管打坐《しかんたざ》の禅を挙揚《こよう》した。

人を殺すということ

少年による犯罪が増えています。ここ十年間で、犯罪者数は二倍以上になっています。平成十一年の少年による殺人、強盗、放火などによる凶悪犯罪の検挙者数は二千二百三十七人に上《のぼ》り、殺人による検挙者数は百十人にも上っています。

少年だけに限らず、あまりにも簡単に人を殺しているように思えます。今、日本社会は、人を殺してなぜいけないのかと問われているのではないでしょうか。たいていの人は、殺人はどんなことがあっても駄目であり、人が人を殺すことは理屈ではなく、絶対に許すことはできないものだと考えています。

ところが、殺人はなぜいけないのかと問う人間が出てきたのです。彼等には、人間として持っている他者への憐れみの心、痛みを思いやる同情心、親や親族を恥さらしにしてはいけないとの羞恥心や、殺人そのものを否定する良心が欠けているように思います。

また、自己中心性が強いともいえます。自己中心的ということは、抑制の心が弱く、他人を思いやる心が鈍感ということです。自我が未熟であるということです。

このようなことが原因で、犯罪性の自覚が薄く、罪を犯すという重大さが分からずに、殺人を犯しているのではないでしょうか。

平成十二年五月一日に起きた豊川市の十七歳の高校生の殺人事件は、上述した諸原因と関係しているように思えます。「人を殺す経験をしたかった」という動機が事実なら、あまりにも自我が未熟で自己中心性が強く、他人を思いやる心が欠如しているとしか考えられません。成績が良く、まじめで明るい男子生徒であったとのことですが、このような自我の未熟な人間は確実に増えているのです。知識と人格が調和していないともいえます。

一人の人間が殺人を犯すまでに実に多くの要因があり、それらが複雑に影響しあっています。決して一つの要因で殺人を犯すのではないということです。性格や知能のはたらきなどの個人の問題、親の愛情やしつけなどの家庭環境、道徳の自覚や宗教的なふれあいの有無、挫折・失敗・憂悲苦悩《うひくのう》の体験と克服の関係、教育、教養、社会との関わりなど、多岐に複雑にからみあっているといえます。原因を特定することは困難です。

なぜ人を簡単に殺すようになったのかを、業《ごう》の問題からとらえてみたいと思います。

まず、人間全体の宿業《しゅくごう》(一)の問題があります。世界は今、先進国と開発途上国、富める国と貧しい国、勝ち組と敗け組というように二極化しつつあります。人間は、豊かさを求め続けてきました。科学技術の進歩と共に、その恩恵を受けて、物質的に豊かになりました。先進国はその恩恵を最もよく受けていますが、繁栄を続けている国々に質の劣化が起こっています。

経済が発展することは、物質的に豊かになることです。科学技術の進歩も、利便性と物質的豊かさをもたらしたことは確かです。しかし、人間の欲望は止まることなく拡大してきました。この間に、人間の心は歪みはじめていたのです。

経済成長のためには、効率の良さが重視されます。そのために無駄を省く必要があります。しかし、人の心は、効率性のみにしたがうほど単純なものではありません。そこに矛盾を感じ、疎外感をもつ人が出てきても不思議ではありません。いわゆる心の空洞化が起こり、心の荒廃をもたらすという結果になったのではないでしょうか。

モノを追い求めることは、人間の煩悩を肥大化させることにつながってきます。先進国共通の問題として、拝金主義、モラルの低下、麻薬・薬物やアルコールへの依存、教育の荒廃、家庭の崩壊、凶悪犯罪の増加などがあげられますが、これらはすべて心の荒廃がもたらしたものだといえます。

結果として、逆に人間は苦しんでいるのです。このような人間全体の宿業の中に、われわれは身を置いているということです。

次に社会全体の宿業の問題があります。『増一阿含経《ぞういちあごんきょう》』によりますと、ブッダの晩年に、シャカ族の滅亡という大事件があったとされています。コーサラ国のパセーナディ王の王子ヴィドゥーダバによって滅ぼされたということです。

王子の母は、シャカ族の長者マハーナーマンと婢女との間に生まれましたが、シャカ族の人々は、血筋の正しい女性であると嘘をついて、パセーナディ王に嫁がせたのでした。王子が子供のころ、カピラ城に遊びに行ったとき、母親の出生のことで侮辱されたので、そのときシャカ族に怨みをもつようになりました。そして、自分が王位に就いたら、必ずシャカ族を滅ぼしてやると決心したといいます。

後にヴィドゥーダバは王位に就き、あるとき四部の兵を率いてカピラ城に向かって進軍しました。このことを伝え聞いた弟子たちは、その旨をブッダに伝えました。

ブッダは、カピラ城に通じる道の端の枯れた木の下に坐っていました。王は、ブッダの姿を見て、

「世尊よ、枝葉のよく繁った樹がたくさんありますのに、なぜ枯れた木の下に坐っておられるのですか」

と尋ねますと、ブッダは、

「親族の蔭は涼しいものです」

と答えられました。

この言葉を聞いて、王は軍を引き返したということです。

後日、王が進軍しておりますと、同じようにブッダが枯れた木の下に坐っていました。それを見て、王は引き返しました。このようなことが都合三度あったわけです。四度目に進軍したときには、ブッダの姿はありませんでした。王の進軍により、シャカ族は滅亡しました。

ブッダは、シャカ族の過去の業、つまり宿業が熟してどうすることもできないことを観察されて、救い得なかったとされています。シャカ族の宿業とは、長者と婢女との間に生まれた女性を、シャカ族の血筋正しい女性であると騙してパセーナディ王に嫁がせたことです。シャカ族は、自らつくった業で滅んだわけです。

日本の社会も、社会がつくった宿業の結果を今受けているといえます。様々な分野で、崩壊ともいえる現象が起きています。現在の問題は、戦後五十数年間だけの問題ではなく、また明治維新以後だけの問題ではなく、ずっと過去からの問題だと思います。過去の業が宿業となって、現在様々な形で社会に現れているということです。

したがって、小手先で何かを変えて改善されるということではありません。それでも誤りは誤りとして、不都合は不都合として、社会の宿業を断つという方向に変えていかないと、将来はもっと悲惨な状況になるように思います。日本人の一人一人が問われているのです。

最後は、個人の宿業の問題です。宿業の身ということは、業熟体《ごうじゅくたい》ということです。業熟体とは、業が異熟《いじゅく》している体のことです。玉城康四郎先生は、業熟体を具体的に次のように表現されています。

「限りない過去から、生きとし生けるもの、ありとあらゆるものと交わりつつ、生まれかわり死にかわり、死にかわり生まれかわりしながら輪廻転生《りんねてんしょう》し、(一)今、ここに現われつつある私自身の総括体であると同時に、ありとあらゆるものと交わっているが故に、宇宙共同体の結び目である。私性の極みであるとともに、公性の極みである。しかもその根底は、底なく深く、無意識であり、無智であり、無明《むみょう》であり、あくたもくた、へどろもどろである」

この説明は、玉城康四郎先生の五十年以上にわたる深い禅定《ぜんじょう》（三）の体験から出た言葉です。現在のわれわれ一人一人が、業熟体ということです。無限の過去からの業を受け継いでおり、しかも人間全体の宿業や社会の宿業にも影響を受けて、今あるのが私そのものだということです。このことをどうすることもできません。そのため無智であり、無明なのです。無明であるゆえに、誰でも殺人や犯罪を犯す可能性があります。縁によって犯罪を犯していないだけです。逆に、縁によって犯罪を犯すこともあり得るわけです。

人を殺してなぜ悪いと突きつけられて困惑するのは、問われる方も無智であり、無明だからです。縁によって自分も犯してしまうかもしれないとの思いが無意識の中にあるから、返答に窮するのだと思います。

しかし、それでもやはり人を殺してはいけないと否定できるのは、意識しなくても、慈《いつく》しみの心がはたらいているからです。慈しみの心は、根源的な識《しき》から出ているはたらきです。

人を殺すことはいけないと言わなければなりません。悪業《あくごう》をつくり、悪業は自己の最も深い識に蔵され、それが必ず自己を苦しめることになり、家族や親族の宿業となります。

また、他の人に対しても悪業となり、社会の宿業ともなります。自分だけでなく、他の人々をも苦しめるのです。

このようなことを言い続けることしかできないもどかしさを感じます。一方で、人間が本来もっている慈しみの心に響けば分かるはずだ、との期待もあります。

（平成十二年五月）

（一）宿業　過去世につくられた業のこと。業の本来の意味は行為のことであるが、因果関係と結合して、行為のもたらす結果としての一種の潜在的な力とみなされている。つまり一つの行為は、必ず善悪・苦楽の果報をもたらすから、その影響する力が業とされている。

（二）輪廻転生　生ある者が、迷いの世界に生まれかわり死にかわりして生死を繰り返すこと。インドで広く考えられていた。仏教では、三界六道《さんがいろくどう》の迷いの世界に生死を繰り返すことをいう。三界とは欲界・色界・無色界のことであり、六道とは地獄・餓鬼・畜生・修羅・人間・天上をいう。

（三）禅定　冥想によって全人格が深く静まった状態。

懺悔の心

人間社会には、悪がはびこっています。自己中心性の強い欲や不正、あるいは悪事が横行し、悪徳、不条理や破廉恥な行為が幅をきかせている世の中です。善行が必ずしも評価されるとは限らず、悪行が必ずしも罰を受けるとは限りません。法の網をくぐってのうのうと生きている人間もいれば、まじめに働いて正直に生きていても報われない人もいます。人間の世界は悪に満ちて、矛盾をたくさんかかえているとはいえ、このことは今に始まったわけではなく、今の世の中だけということではありません。

仏教では、人の正しい生き方として、悪業を戒めております。特に、人を殺すこと、盗むこと、邪《よこしま》な愛欲、他人の仲を裂く言葉、嘘をつくこと、悪口を言うこと、真実に反する飾り立てた言葉、貪《むさぼ》りの欲をもつこと、腹を立てること、邪で誤った考えを持つことの十の行為を十悪業《じゅうあくごう》として強く否定しています。

浄土経典の一つに『無量寿経』があります。この下巻には、人間の様々な悪業が列挙されています。悪業がこんなに数多くあるのかと驚かされるほどです。

『無量寿経』はインドで出来た経典ですが、二千年ほど前にパレスチナで活動していたイエス・キリストは新約聖書の中で、「神に背いた罪深い時代である」と当時の世の中を評しています。また、「何と信仰のない邪な時代なのか」と嘆いています。

人間は悪業を行う生きものだということは、古今東西変わらないようです。そのため、宗教で戒律が定められているのです。

キリスト教では、殺してはいけない、盗んではいけない、姦淫してはいけない、嘘をついてはいけない、ということが根本的な戒律となっています。

インドにジャイナ教という戒律に厳しい宗教があります。教祖は、マハーヴィーラというブッダと同時代の人です。このジャイナ教の戒律には、生きものを殺してはいけない、盗んではいけない、姦淫してはいけない、欲から離れよ、などと戒めていますが、特に生きものを殺してはいけないということを強調しています。

例えば、虫を踏み殺さないためにほうきの様なもので地面を掃きながら歩いたとか、地中の虫を殺さないために農業に従事しないとされています。そのため職業も限られていて、一番殺生《せっしょう》から離れている職業ということで、金貸し業が多いというわけです。

また、儒教でも、殺してはいけない、盗んではいけない、邪淫を行ってはいけない、嘘をついてはいけない、酒を飲んではいけない、と説いています。

このように宗教を超えて共通している戒律に、「生きものを殺してはいけない」「盗んではいけない」「姦淫をしてはいけない」「嘘をついてはいけない」とあるところに、人間の弱さ、人間の業の深さを感じとることができます。

そこで問題となるのは、なぜ人間は悪業をなし、また悪業を重ねるのかということです。

仏教では、その根源を、

「人間の存在は、無明である」

とします。

無明とは智慧がはたらいていない、無智ということです。日常よく使われている無知の知は知識という意味ですが、ここにいう智とは智慧のことです。もっと分かりやすく言うと、無明とは何も見えていない、何も分かっていないということです。

また、無明は迷いの根源であり、根本的な煩悩ともいえます。そこには常に我執《がしゅう》(一)がはたらいているため、ものごとにとらわれてしまいます。人の言葉にとらわれ、態度にとらわれてしまいます。自分が行った行為にとらわれ、過去のできごとにとらわれ、先のことにもとらわれてしまいます。様々なとらわれの中から、貪りの欲とか、怒り、愛欲とか憎しみの煩悩などが起こってくるわけです。

他にも多くの煩悩があるわけですが、煩悩が生じることによって、ものごとの正しい判断ができなくなってきます。また、抑制する心のはたらきも悪くなってきます。そこから悪業となるわけです。人間は、この悪業を何度も何度も繰り返しています。この意味において、絶望的ともいえます。

しかし、多くの人々は、このことに気づいていません。気づいていないから繰り返し悪業を積み重ねているのだと思います。悪業は、結果として必ず自己にふりかかってくるものです。そうした自分への苦しみの結果の原因は自己に起因すると気づけばいいのですが、そのことに気づくこともなく、また気づこうともせず、そして苦しみの原因を他人に転化して、他人を憎悪しているのが現実の世の中の多くの人々ではないかと思います。

正しい仏教は、悪業の根源は無明であるとの教えであり、仏道は自身の無明に気づく実践でもあるといえます。気づくとは頭の中で気づくことではなく、自分の問題として全人格的に気づくということです。

気づくことによって罪の意識をもつようになり、そのことから絶望的になることもあります。しかし、人間は自覚しなくても絶望を背負って生きているともいえます。

無明を自己の力でなくすことはできません。人は無力です。どうすることもできない無力の自覚から生まれてきたのが懺悔《さんげ》です。自己の悪業を神や仏の前で懺悔せざるを得ないのです。

今から二十四年前に、私は四国八十八ヵ所を歩いて巡拝したことがあります。遍路は半ばを過ぎて、愛媛県を歩いておりました。夕方になり、ある民宿に投宿しました。そこは、道路工事関係者の宿泊所にもなっていました。風呂場で初老の労働者と話をする機会がありました。このことが縁で、その男性が私の部屋に訪ねてきました。初め巡拝の話をしていたのですが、突如彼が涙を流しはじめました。

その男性は若いころに、八十八ヵ所を歩いて巡拝したことがあるとのことでした。後年、賭事に凝って家の財産を破産させてしまったとのことです。昔、八十八ヵ所を歩き通したとき、とてもさわやかな心になり、まじめに生きていこうと思っていたが、そのときの気持を忘れて道を誤ったために、このような立場に追いこまれてしまったと泣き続けていました。

私は、ただ黙って聞くことしかできませんでしたが、この男性は懺悔しているなとそのとき思いました。この初老の男性は、自己の罪悪を悔いて涙を流したわけです。また、自分自身を許すことができなかったものと思われます。

親鸞聖人《しんらんしょうにん》(一)は、人間の罪悪と無力を徹底して自覚した人でした。罪悪と無力を自覚すると、懺悔せざるを得ません。聖人は『教行信証《きょうぎょうしんしょう》』で自身の懺悔として、次のように告白しています。

「それにしても心から思い知らされる。なんと悲しいことか。この愚禿《ぐとく》の親鸞は果てしもない愛欲の海に沈み、名声と利得の大きな山に踏み迷って、浄土に生まれる人の中に数えられることを喜ぼうともせず、仏の悟りに近づくことを嬉しいとも思わないでいる。このことを恥じ、心を痛めなくてはならない」

愚禿と称したのは、表面上僧侶の形をとっていることへの反省から出た言葉です。この懺悔の文《もん》は、親鸞聖人が六十三歳のころに書いたものとされています。この年齢になっても愛欲に縛られており、名声や利得も求めていると告白しています。このこと以上に心を打たれるのは、極楽往生《ごくらくおうじょう》を喜んでいないし、悟りに近づくことも嬉しくないという正直な告白です。

親鸞聖人は、迷いの根源である無明・煩悩をどうすることもできないとして、罪悪と無力を自覚していました。そのため、そのことを恥じ、心を痛めていると懺悔しているわけです。

さらに、晩年の八十六歳のときの『正像末浄土和讃《しょうぞうまつじょうどわさん》』に、

「浄土真宗の教えに帰っているが
真実らしく見せているだけであって
うそいつわりのわが身であって、真実の心はなく
清浄の心もさらにない」

との同じような告白を残しています。

親鸞聖人は、自分自身救い難い罪深き人間であって、どうすることもできないという深い自覚があったように思えます。それゆえ、人間の弱さをしっかりと見据えており、またそのことからくる懺悔の中で生き抜いた人でもありました。

キリスト教でも、人間の罪と無力の自覚を強く認めております。『ヨハネによる福音書』には、姦通した女の記述があります。

ある朝、神殿にイエスがいるとき、人々が姦通した女を連れて来て、イエスを試すため

に、

「この女は姦通しているときに捕まりました。こういう女は石で打ち殺せと、モーゼは律法《りっぽう》の中で命じています。あなたはどうお考えですか」

と尋ねました。

モーゼは、紀元前十三世紀の指導者です。イスラエルの宗教の創始者として崇められています。律法とは、神の意志による教えと戒めということです。

尋ねられたイエスは、

「あなたたちの中で、罪を犯したことのない者が、まずこの女に石を投げなさい」

と答えました。この言葉を聞いた人々は、一人、二人とその場を立ち去ったといいます。罪を犯していない人間など一人もおらず、神の前では皆罪人《つみびと》であるというのがイエスの立場であります。

パウロは、

「人間はすべて罪人であり、律法を守ることができず、キリスト教を信ずる信仰によってのみ罪から解放される」

と言っています。

パウロは、初代のキリスト教の伝道者であり、イエスと同年代の人です。また、パウロによる『ローマ使徒への手紙』の中でも、キリスト教における人間の罪の深さの自覚が次のように反映されています。

「私は肉の人であり、罪に売り渡されています。私は自分のしていることが分かりません。自分の望むことは実行せず、かえって憎んでいることをするからです」

肉の人とは、罪によって滅びる存在、つまり、人間のことを指しております。さらに、その手紙の中で、

「善をなそうという意志はありますが、それを実行できないからです。私は自分の望む善は行わず、望まない悪を行っている」

とあります。

人間の根源に宿る罪の深さを、人間はどうすることもできないとしています。その罪をイエス個人だけでなく、一切の人間の原罪《げんざい》（三）としてとらえております。

キリスト教では、人間は生まれながらにして原罪であるとします。その無力な人間は、神の前で懺悔するしかないというのがキリスト教の立場です。

仏教では、生まれながらにして無明であり、無明であるがゆえに我執があるとします。

無明であり、我執がはたらいているから、この世に生きていることそのものが、宗教的にいえば悪業ともいえます。

このことに気づくと、罪の深さを自覚し、どうしようもない無力さを自覚することができます。そのため、懺悔せざるを得ないのです。このことが、救いにつながっていくのだと思います。

（平成十一年十月）

（一）　我執　自己にとらわれること、自己を中心とするとらわれをいう。苦悩の原因となる。

（二）　親鸞聖人　一一七三～一二六二年。九歳のとき比叡山で出家し、二十年間修行したが、悩みは解決されなかった。法然《ほうねん》を訪ね、自力の行を離れて他力本願に回心《えしん》した。越後に流され、赦免の後常陸に移り、約二十年間関東地方に流浪して布教。六十二、三歳ごろ京都に帰る。他力信心による現世での往生《おうじょう》を説く。他力信心は、阿弥陀如来から与えられるものとした。

（三）　原罪　旧約聖書には、イブとアダムが禁じられた木の実を食べて神に罰せられ、あらゆる生の苦しみをもつようになったとされている。

苦と向きあう

人生は苦に満ちています。人は常に何かを目標にし、何かを求めて生きています。ところが、自分の思い通りにならない場合が多いものです。そのことから苦になってきます。また、苦が生じたとき、人は苦から逃れようとします。苦しいときには、苦しみから逃れる方法を求めたくなるものです。その方法を手に入れて努力しても、苦から逃れることができないと分かったとき、さらに苦しむことになります。

逆に、苦に目をつぶる人もいます。仕事や趣味に没頭しても、それは一時的なものであり、やがて苦に支配されてしまいます。

人は生きている限り、誰でも老い、病み、死ぬことから逃れることができません。これらの苦は一人一人の問題であり、誰も代わって苦を受けることはできません。一人一人が背負わなければならない苦です。

ブッダは晩年、自らの老いを自覚し、嘆息されています。その様子が、『大パリニッバーナ経』に記されております。

「アーナンダよ。私はもう老い朽ち、齢をかさね老衰し、人生の旅路を通り過ぎ、老齢に達した。わが齢は八十となった。例えば古ぼけた車が革紐の助けによって、やっと動いて行くように、恐らく私の身体も革紐の助けによってもっているのだ」

ブッダといえども、老衰の前では無力であることがうかがえます。

人と人との間にも、嫉妬、憎しみ、疑い、不信、対立、闘争などがあり、苦そのものといえます。現在しあわせであっても、しあわせはいつまで続くのか分かりません。いつ不幸になり、苦悩の人生になるのか分からないのです。

ある幸福な家族がありました。ところが、長男が回復の見込みのないガンになり、母親は長男の看護に専念しておりました。長女はそのとき高校二年生で、将来の進路や進学について夢や悩みを抱えていました。

長男が入院するまでは、長女は母に相談し、話し合い、一緒に大学の見学に行ったりしておりました。仲の良い親子でしたが、母は長男の看護を重視して、すべてを息子の闘病にふり向けていました。

しかし、長男は亡くなりました。長男だけにふり向けられていた母の心は、長男の死後も家族の元にはもどってこなかったのです。死のショックで、母親自身が入退院を繰り返すようになりました。そんな状況の中で、母親は長女が自分を必要としていることが分かっていても、応えてあげることはできませんでした。

長女はやがて、摂食障害に苦しむようになりました。拒食と過食を繰り返し、早くぬけ出したいと言って、涙ながらに食べ物を口に押し込んでいるのを見ても、何もできなかったわけです。長女がかわいそうで悲しかったのですが、母親には長女を救う手段を求める体力と気力が残っていなかったのです。

ある日、長女は、こんな家にいるのは嫌だと言って、行き先も告げずに家を出て行ってしまいました。長男が亡くなり、もう一人の長女までもが離れてしまったわけです。母親の苦悩は、人一倍でした。誰かに救いを求めることもできず、自らまいた種であると自分に言い聞かせて、家を出た長女に詫びながら日を送ることしかありませんでした。

二年程たってから、一ヵ月に一度くらい、長女から電話がかかってくるようになりました。長女は兄の死を体験しましたが、その苦悩を誰からも受けとめてもらえず、一人で苦しんでいたとのことでした。

母親は、長男を失って自分が一番苦しんでいると思っていましたが、長女は妹として苦しんでいたわけです。幼いころから仲の良い兄と妹でした。そんな兄がいなくなり、心に大きな空洞があき、苦しんでいたのでした。母親がどれだけ長女が苦しんでいたかが分かったころ、長女の方から少しずつ心を開いていったのでした。

正に同情すべき話です。母親は、長男を亡くしても、心は長男と長男の死にありました。いつまでもそのことにとらわれていました。そのため長女の気持を思いやることができなかったわけです。長女は、一人で苦しむことしかなかったのです。

母の愛情を求めても、母から愛情を受けることはありませんでした。そこで見切りをつけて家を出たのです。結果として、家族は崩壊してしまいました。つらい話ですが、もし母親が長男の死にいつまでもとらわれずに長女の心を思いやったならば、長女はこんなに苦しむこともなく、家を出ることもなかったと思われます。

正に『スッタニパータ』にあるブッダの教えの通りです。

「世間における種々なるかたちのあらゆる苦しみは、生存の素因にもとづいて生起《しょうき》する。実に知らないで生存の素因をつくる愚鈍者は、くりかえし苦しみを受ける。それ故に知り明らめて、苦しみの生ずる原因を観察し、素因をつくるな」

ここにいう生存とは人間存在のことであり、素因とは業のことです。先ほどの例話に当てはめますと、長男の死にいつまでもとらわれたことが生存の素因になります。

母親は、いつまでもとらわれたという業をつくったために、長女は苦しみ、家を出たのです。そのことで、母親はさらに苦しむことになりました。結果として、母親は二重に苦しむことになったわけです。いつまでもとらわれなかったならば、別の展開があったに違いありません。

普通、苦を受けたとき、その苦のみを対症療法的に解決しようとして、苦の根源に目を向けることはあまりありません。なぜ苦になるのか、苦の根源は何なのかが問われなければならないと思います。ブッダも「苦しみの生ずる原因を観察せよ」と指摘されています。

結論からいいますと、人は業熟体であり、我執がはたらいており、無明そのものであるということです。そのため苦が生じてくるのです。

妻を不幸な死に追いやってしまったとの思いから、懺悔と供養の気持が重くのしかかるようになった男性がいます。それ以来、お経を唱えるようになり、また経典の解説書も読むようになりました。

それでも心は晴れず、妻への懺悔と供養の気持が強くなり、四国八十八ヵ所の遍路に旅立ちました。札所ごとに読経して供養をしましたが、本心は自分に苦行を課すことによって、安らぎを得ることであったと正直に告白しています。

自分の罪業《ざいごう》は大きいと自覚して、他人の倍の荷物を背負って千二百キロメートルの道を歩き通しました。その結果、無理がたたって、巡拝後重い肺炎に罹《かか》ってしまいました。遍路が終わってみればそれだけのことで、またもや満たされない思いをもつようになったとのことです。

懺悔と妻への供養のために四国遍路の善行を修しても、苦悩は消えなかったというわけです。これは、その通りだと思います。業熟体であるゆえに、苦悩が消えることはないのです。一時的にやすらぎを得ても、元の木阿弥《もくあみ》になるという人間の生存のつらさ、厳しさがそこにあります。

人には常に我執のはたらきがあり、煩悩のはたらきを受けています。そのため苦悩がなくなるということはありません。なくそうと思っても、なくなることはないのです。自らの力でなくそうと努力しても、なくならないということです。苦悩をなくそうとする行為そのものが、すでに我のはたらきだからです。

如来のはたらきによってのみ苦悩から救われるのです。如来のはたらきとはどのようなことなのか、『教行信証』にある親鸞聖人の教えを示しておきます。

「つねに生死《しょうじ》の海に沈み、流転輪廻《るてんりんね》を繰り返してきた愚かな多くの人たちにとって、最高至上の仏のさとりがえがたいのではなく、真実の信心が、なかなかえがたいのである。これはなぜであろうか。それは、この信心がいまこそ、如来の恵みの力によってえられるものだからであり、広く如来の大慈悲と広大な智慧との力によってえられるものだからである。思いがけなく如来のはからいによってこの浄心がえられるなら、この心は迷いにとらわれなくなり、この心はもはや虚偽《きょぎ》であることがない。

これによって、この上もなく罪深い人も、大きな喜びにつつまれ、多くの仏たちによって尊ばれ愛されることになるのである」

如来のはからいには、自己のはからいは一切はたらいていないので、浄信すなわち真実の信心といえる。この真実の信心が得られることは、迷いから救われていることになると親鸞聖人は説いているのです。

つまり、如来は業熟体であり、無明であり、無智であるこの身に顕われてくれるということです。このことが如来のはからいであり、如来のはたらきであるということです。如来のはたらきによって、迷いから救われるというわけです。

また、如来のはたらきによって迷い、苦悩から救われることが、仏道でもあります。正しい仏道を歩むことによって、このことは可能となります。

現実に苦に当面したとき、動揺するものですが、まず心を静めることが大切です。心を静めることにより、初めて苦と向きあうことができるからです。苦をありのまま見つめ、苦の原因を知ることです。苦が自分の問題とならない限り、苦の解決にはなりません。原因を知ることによって、解決の糸口を見い出すことができるからです。原因によっては、生涯苦を抱えて、苦と共に生きなければならないこともあり得ます。

心を静めることの延長線上に、如来のはたらきの可能性が出てきます。また、このことは正しい仏道でもあります。

（平成十二年六月）

怨みを離れる

『ウダーナヴァルガ（一）』に、ブッダの次のような言葉があります。

「殺す人は殺され、怨む人は恨みを買う。また、罵《ののし》りわめく人は、他の人から罵られ、怒りたける人は、他の人から怒りを受ける」

怨みは煩悩です。その根源は、我愛《があい》という根本的な煩悩です。我愛は、自分が可愛いことをいいます。

自分が可愛いから、自分の都合のいいものを愛するのです。例えば、ペットを可愛がっているといっても、本当は自分を可愛がっているとされています。ペットが可愛いのではなく、自分が可愛いのです。ペットを囲って自分が楽しんでいるわけです。ペットへの愛情が本当ならば、ペットを自由にさせるはずです。ペットへの愛情ではなく、自分に対しての愛情なのです。

人を愛することは、その人が自分にとって都合がよいから愛するのです。しかし、本当は、自分を愛しているのです。自分にとって都合が悪くなれば、もう愛することはできません。今度は、その人を怨むようになります。つまり、怨みは、自分の思い通りにならないことから生まれてくるわけです。「可愛さあまって憎さ百倍」という言葉がありますが、「可愛さあまって」ではなく、「可愛さ終わって」が真実だと思います。

わずかな誤解から怨みになることがあります。また、怨みをもつと感情的になり、相手との対話がなくなり、そのことからさらに妄想がふくらみ、怨みが増大することがあります。そうなるとブッダのこの教えのように、怨む人は怨みを買うことになり、苦悩することになります。怨むという悪因により、怨みを買うという苦果になるというわけです。

怨みをもたれない人、怨みをもたない人はいないと思います。だが、怨みに対して怨みで報いるのは、正しい対処の仕方ではありません。一時的に気持がおさまるかもしれませんが、それは一時的であって、やがて後悔することになり、結局大きな苦悩となります。

明治から大正にかけて活躍した思想家に内村鑑三がいます。日本のキリスト教界を代表する一人で、無教会主義の創始者でもあります。彼は、札幌農学校時代、クラーク博士の感化によって、十七歳で洗礼を受けてキリスト教に入信しました。

アメリカ留学からの帰国後の旧制一高の教員のとき、教育勅語に敬礼しなかったことから不敬事件として騒がれました。記者になって足尾銅山鉱毒事件にかかわったり、日露開戦に反対したり、幸徳秋水らと社会改革を志したこともありました。

また、キリスト教の伝道を前進させ、矢内原忠雄や南原繁など多数の人物を育て、同時代の文学者小山内薫、有島武郎、正宗白鳥などに影響を与えました。

内村鑑三は、国賊と罵られ、非愛国者として排撃され、教会や宣教師から、教会破り、偽キリスト信者と非難されました。また、人間としての性格や私的生活について、ひどい人身攻撃を人々から受けました。それでもその人たちを怨むことなく、弁解も一切することなく、何の抵抗もしませんでした。

あるとき、銀座教会の創立四十周年の祝賀会に彼は招かれて出席しました。先に演壇に立った有名な牧師が、内村鑑三を前にして批判しました。

人々は、内村鑑三がどのような反論をするのかと固唾《かたず》を呑《の》んで待っていたところ、彼は演壇に立って静かに話しはじめました。

「池で子供らが遊んでいた。たまたま水中に蛙を見つけ、石を拾って投げつけた。蛙は、その度ごとに深く水中に潜って、ある一人の者にすがりつく。そうしてその者に慰められて、傷はことごとく癒される」

「ある一人の者」とは、イエス・キリストです。晩年の内村鑑三の祈りは、「どうか私の罪を許してください」ということでした。彼は、批判や攻撃に対して怨むことなく、一切弁解せず、抵抗せず、神の前で罪人であるとの自覚をもっていました。イエス・キリストを慰め主とし、罪人を許してくださいとの祈りの日々であったとされています。

彼は、怨みに対して怨みで報いることの虚しさと誤りに気づいていたのではないでしょうか。彼の態度は、『ウダーナヴァルガ』にあるブッダの教えの通りです。

「実にこの世においては、およそ怨みに報いるに怨みを以てしたならば、ついに怨みの息《や》むことがない。堪え忍ぶことによって怨みは息む。これは永遠の真理である」

怨みに怨みで報えば、一段と怨みが深くなり、対立の解消は困難となり、双方共に苦悩することになります。このことを戒めたブッダの言葉です。

ブッダの教団にデーヴァダッタという比丘がいました。彼は、ブッダに神通力《じんずうりき》(二)を得る方法を尋ねました。

ブッダは、

「神通を得ることを求めるよりは、無常・苦・無我のことわりを思うがよい」

とデーヴァダッタの願いをしりぞけました。

そのため、彼はブッダに不満をもつようになりました。結果として、彼は教団を離れることになります。そして、別の教団を創りました。ブッダの許を離れて、デーヴァダッタの教団に入る修行僧も出てきました。

ある日、ブッダがラージャガハで托鉢《たくはつ》をしているとき、デーヴァダッタも托鉢をしていました。その姿を見て、ブッダは立ち去ろうとしました。すると、弟子のアーナンダは、

「なぜ立ち去るのですか。デーヴァダッタを恐れられるのですか」

「いや、彼を恐れるのではない。悪人に遇うてはならないからである」

「それでは、デーヴァダッタを去らせたら良いではありませんか」

「去らすに及ばない。アーナンダよ、愚かな人に遇うてはならない。愚かな人と事を共にしてはならない。要らぬ論議を交えてはならない。愚か者は自ら悪を行い、日増しに邪な考えをつのらせていくものである。デーヴァダッタは、今、利益を得て心が高ぶっている。悪い犬をムチ打つようなもので、ムチ打てば打つほど荒々しくなっていくだけである」

ブッダは、デーヴァダッタの行為を冷静に見つめておられたのです。彼は、ブッダに代

わって教団を自分のものにしようと企てました。

「世尊はもう年老いて、力も衰えられた。今後は私が代って、弟子たちを指導したい」

「デーヴァダッタよ、私はサーリプッタ、モッガラーナのような智慧が明らかである聖者にも指導をまかせていない。どうして汝のように自己の利益を目的にしているような者に、弟子たちをまかせることができようか」

ブッダのこの厳しい言葉に、彼は一言も返答することができませんでした。

「世尊は、人々の前でサーリプッタやモッガラーナをほめ、私をはずかしめた。この怨みをいつかはらさねばならぬ」

と、ブッダに怨みをもつようになりました。

この後、デーヴァダッタは、ブッダを殺そうと実行しましたが、ことごとく失敗しました。ブッダは怨みに対して怨みで報うことなく、耐え忍びました。そして、今まで通り禅定に励んだのです。デーヴァダッタは、悪行の深みにはまって、最後は無《む》間《けん》地《じ》獄《ごく》(三)に落ちたとされています。

ブッダは殺害されようとしても、デーヴァダッタを怨むことなく耐え忍んだわけです。

一方、デーヴァダッタは、怨みに怨みを重ねる行為によって、身を破滅させたわけです。

また、ブッダは、『ウダーナヴァルガ』で次のように説かれています。

「怨みは怨みによっては決して静まらないであろう。怨みの状態は、怨みのないことによって静まるであろう。怨みにつれて次々と現れることは、ためにならぬということが認められる。それ故に、ことわりを知る人は、怨みをつくらない」

昔、インドに二つの国がありました。一つの国は勢力も財力も弱いため、もう一つの国に侵略されてしまいました。侵略された国の王は、国民が殺害されたり苦労することを恐れて、深山に隠遁してしまいました。その間に王子が生まれました。

その後、王はとらえられて死刑を宣告されました。王子は姿を変えて牢獄へ行き、王に会いました。そのとき、王は、

「怨みと怨みは止むことがない。怨みがなければ、怨みに勝つことができる」

と王子に言いました。

やがて王は、刑死します。王子は、琴を上手に弾くことができました。王子は、長い間かかって父を殺した王に近づき、やがて信頼されるようになったわけです。

ある日、二人は、馬車で森深く入って狩をしました。王は疲れて、王子の膝を枕にして寝込んでしまいました。長年の父の怨みをはらす絶好の機会だと思って、剣を抜いて王を

殺そうとしましたが、父の言葉を思い出して実行できませんでした。

突然、王は、おびえたように眠りから醒めました。王子は剣を捨てて、これまでの経緯を説明し、王を殺す意志がなくなったと伝えました。二人は和解し、宮殿に戻ると、王子に元の国土を返して王位に就け、それ以来二人の国王は親しくしたということです。

王子は、侵略して国土を奪った上に父を殺した王を殺害する機会があっても、殺しませんでした。怨みがあっても、怨みを離れたことにより、王は国土を戻し、二人は親しく交わるようになりました。怨みを捨てることにより、怨みは静まり、二人にとって良い状態になったわけです。

ブッダの教えのように、怨みは怨みによって静まることはないのです。怨みの感情は、誰にでも起こる可能性があります。例えば、人から中傷されたり悪口を言われたりすると、相手を中傷したり悪口を言うことによって、気持がおさまるかもしれませんが、それは一時的なことであり、やがて悪業となって苦しむことになります。

怨みを怨みではらすことは、双方にとっても苦痛になります。まさに、怨みは怨みによって静まることはないのです。共に怨みを捨てればよいのですが、ほとんどこのようなことはありません。

次善の解決法は、どちらかが怨みを捨てることです。慈悲心で捨てるか、理性による判断で捨てるかです。心を静め、智慧のはたらきによって決めることしかないともいえます。

（平成十二年十一月）

（一）『ウダーナヴァルガ』　中村元博士によれば『ウダーナ』は感興語、『ヴァルガ』は集まりのことであり、『ウダーナヴァルガ』は感興のことばを集めたものとの意である。パーリ文の『ダンマパダ』『ウダーナ』『スッタニパータ』『テーラガーター』の詩句に対応する詩句を集めたものとされている。

（二）神通力　超人的な能力のこと。神足通《じんそくつう》・天眼通《てんげんつう》・天耳通《てんにつう》・他心通《たしんつう》・宿命通《しゅくみょうつう》・漏尽通《ろじんずう》の六神通《ろくじんずう》を指す場合がある。

（三）無間地獄　絶え間なく激しい苦しみを受ける地獄。八熱地獄《はちねつじごく》の八番目。

無明の自覚

平成十三年二月にインドを訪れました。仏跡巡拝を終え、サンチーの仏塔へ礼拝に行くためにジャーンシーからボーパルまで鉄道を利用しました。早朝にカジュラホを出発し、四時間ほどバスに乗ってジャーンシーの駅に到着したわけです。

ホームに行く途中の階段で、十歳くらいの一人の少女を目にしました。旅行者が捨てた残飯なのか、あるいはもらった食物なのか分かりませんが、少女は周囲の目を気にする様子もなく食物を口に運んでいました。何日も頭を洗っておらず、服は汚れており、裸足のままです。

その少女を見て、不意に涙が出てきました。インドでは、このような子供たちの姿を日常的に見ることができます。初めて乞食の子供を見たわけではありません。乞食の中でも、もっと悲惨なハンセン病の乞食も多く見ています。顔を包帯で覆っている人、指のない手を差し出して物乞いをする人もいます。また、歩くことができないために、這いながら施しを求める人もいます。

何度もこのような状況を見ていたので、この少女を別段哀れむことはないわけですが、この時は涙しました。それは、少女が哀れで気の毒であるということだけではありませんでした。貪り食べている少女の姿を見て、人間の無明に涙したのです。

この少女は、両親から願われてこの世に生を受けたのではないと思います。大人の身勝手な都合だけで生まれてきたのです。親の庇護を受けることもなく捨てられたのです。少女を見たこの時は、人間の無明を哀れに思ったわけです。

生きている限り、人には欲があります。例えば、空腹になれば食欲が涌いてくるし、喉が渇けば飲みものが欲しくなるし、疲労すれば眠りたくなります。これらのことは、普通の欲で許される欲です。

ところが、欲に執着すると、煩悩になります。先程の食欲を例にとると、空腹になっても普通に食べれば空腹を満たして煩悩とはなりません。しかし、食欲に負けて食物に執着して貪れば煩悩になります。つまり、煩悩になるかならないかは、執着するかしないかによるということです。

それでは、なぜ執着するのでしょうか。その根源は、無明とされています。ブッダは、開悟の後、無明に気づかれました。悟り、すなわち明《みょう》を体得されたからです。明を体得することによって、初めて無明が分かります。闇の中にずっといると、闇であることが分かりません。ところが、明りの世界を知ると、闇が分かるものです。

明とは、智慧のことです。無明とは智慧のないこと、つまり、無智のことをいいます。

ブッダは、『スッタニパータ』で、

「あらゆる苦しみが生じるのは、すべて無明によって起るものである」

と説かれています。

無明がすべての煩悩の原因となり、人々を苦しめることになるというわけです。

また、空海は、『性霊集』で、

「久しく無明の酒に酔って

本来具えてある悟りの可能性を自覚せず

長い間迷いの中で眠りこけ

永くわが身体に執着してきた」

と語っています。

酒に酔った状態を無明に喩えています。酒に酔っているように、人々は無明の中で迷ったまま過ごしているとの教えです。

無明は、無智であるから、ものごとの道理さえも分からなくなります。卑近《ひきん》な例をあげれば、政治家や公務員をめぐる贈収賄事件がそうでしょう。アフガニスタンのイスラム原理主義のタリバンによるバーミヤンの大仏をはじめとする仏像破壊行為も同じことです。

余談になりますが、七世紀に長安からインドへ求法の旅に出た玄奘《げんじょう》(一)は、バーミヤン国に入っております。当時、伽藍が十余ヵ所、僧侶が数千人おり、アビダルマ仏教の説出《せつしゅっせ》世部《ぶ》(二)を学んでいたということです。王城の東北方の山に高さ約五十五メートルの立石像があり、この大仏は金色に輝き、瓔珞《ようらく》(三)で飾られていたとされています。この石像の東に伽藍《がらん》があり、その東に鋳銅製の約三十八メートルの高さの立像の釈迦像があったとのことです。バーミヤン国の王をはじめ、人々は信仰に篤かったとされています。

今回の仏像破壊は、偶像崇拝を否定したイスラム法に基づく宗教的行為であり、同法の下で仏像を保存することは許されないとの国内の同意が根拠であるということです。ただし、ヒンドゥー教の像や仏像以外の美術品は破壊しないとのことです。矛盾もはなはだしい論法です。アフガニスタンに影響力の強いパキスタンの要請を無視し、国連や世界の多くの国々の要請も退けての破壊行為でした。

タリバンと同じ原理主義の立場をとるパキスタンを、私は訪れたことがありますが、ペシャワール県にはいくつかの仏教遺跡が保存されており、博物館にはガンダーラ美術の仏像等がきちんと保管されていました。また、同じイスラム国家で仏教とは無縁のサウジアラビアも、仏像破壊の中止を求めていました。このように見てくると、タリバンが主張するようなイスラム法の大義だけではないように思えます。

アフガニスタンは、国際テロの黒幕ウサマ・ビンラディン氏を保護したために経済制裁を科されており、仏像破壊は国際社会への報復という意味合いが濃厚です。このことが事実ならば、余りにも愚かしい行為だとしかいえません。それも宗教我による自己中心性の強い行動です。

アフガニスタンという日本になじみのない国で、しかもイスラム教の国で起こったということで、本質を見究めることは難しいことかもしれませんが、この行為は無智に由来するものといえます。まさに人間の無明から出た行為です。

昔、インドに貧しい家がありました。姑と嫁は、いつも不仲でした。あるとき、嫁が食事の仕度をしておりましたが、何か気にさわることがあって姑は嫁を叱りました。嫁は姑に腹を立て、怨みの気持をもちましたが、姑と言い争うことはできませんでした。嫁は、その怒りと怨みを飼っていた羊に向けたのです。怒鳴りながら、燃えさしの薪で羊の背中を叩きました。毛についた火は全身に燃え広がり、羊は悲鳴をあげてワラが積み上げられている納屋に逃げ込んだのです。その火はワラに燃え移り、納屋は火に包まれてしまいました。

火は隣家を襲い、次から次へと燃え移って、村も町も大火に包まれたのです。そして、国王所有の象の厩舎に飛び火しました。火から逃れようとした象たちは囲いを破って逃げ出し、隣の国に走り込みました。恐怖で暴れた集団の象のために、死傷者が出て、田畑も被害を受けました。このことが原因となって、両国は数十年間戦争をしたということです。これは、慈雲尊者《じうんそんじゃ》(四)の『十善法語《じゅうぜんほうご》』にある例話です。

姑と嫁は不仲であったとはいえ、直接の原因は怒りと怨みから嫁が羊に燃えさしの薪で羊を叩いたことです。怒りと怨みが起こらなかったならば、このような悲惨な結果になることはありませんでした。また、怒りと怨みがあっても、冷静さがあれば、燃えさしの薪で羊を叩くこともなかったわけです。

怒りや怨みは、無明が原因です。無明のため、嫁に冷静さが起こらなかったのです。無明は、結果がどうなるのかとか、どのような報いがあるのかなどの冷静な考えを消してしまいます。迷いの中で迷い続け、次々と新たな煩悩が生じるのです。

無明は、ものごとの道理が分からなくなると前述しました。人は、そのために悪行を重ねます。悪行には苦の報いがあるという道理が分からないために、悪行を重ねるわけです。

ブッダは、『法句経《ほっくきょう》』で、

「『その報いはわたしには来ないだろう』とおもって、悪を軽んずるな。水が一滴ずつ滴《したた》りおちるならば、水瓶でも満たされるのである。愚かな者は、水を少しずつでも集めるように悪を積むならば、やがてわざわいに満たされる」

と説かれています。

悪事を行っても、幸運に遇うことがあります。しかし、それは一時的なことです。悪行による報いがまだ熟していないだけです。報いがないと安心していても、報いが熟したとき、必ずその人はわざわいに遭うことになります。無明に覆われているために、このような道理が分からずに悪行を重ねているのです。

自分だけは大丈夫だろうとの誤った判断が、身の破滅となるのです。（平成十三年三月）

（一）玄奘　六〇二～六六四年。六二九年長安を出発。インド各地の仏跡を訪ね、仏像・仏舎利・梵本を携え、六四五年に長安に帰る。帰国後、弟子たちと仏典の漢訳に着手。漢訳された経典は、一三四七巻にのぼる。中国四大翻訳家の一人とされる。

（二）アビダルマ仏教の説出世部　教団の根本分裂後の大衆部《だいしゅぶ》の分派。

（三）瓔珞　金・銀・珠宝等でできた装身具で、首や胸に付ける。

（四）慈雲尊者　一七一六～一八〇四年。正法律《しょうぼうりつ》を唱道して戒律復興を目ざす。梵学の研究に専念し、梵学津梁一千巻を著す。神道にも明るく雲伝神道を興こす。

迷う心

昔から日本人は、心の状態を様々な言葉で表現してきました。例えば、心が重い、心が騒ぐ、心に浮かぶ、心を鬼にする、心がける、心を奪う等々です。

心は、身を置いている環境に影響を受けます。よく晴れている青空を見ていると、心はさわやかになります。美しい花園の中で花に取り囲まれていると、心まで華やいできます。秋の夜空に煌々《こうこう》と輝いている満月を眺めていると、心は澄みきってきます。また、静寂な日本庭園に佇んでいると、心が洗われる思いがします。逆に都会の雑踏と騒音の中にいると、心は落ち着かなくなります。

心はどこにあるのでしょうか。自分の内にあると思ってさがしてみると、内にはありません。外にあるのでもないし、内と外との間にあるのでもないといえます。つまり、心は内にもなく、外にもなく、内と外との間にもないというわけです。

また、心はなにか実体のようなものであるかというと、そうではありません。心に実体はありません。心は、はたらきだけということです。笑っているときは、笑っているという心のはたらきがあり、泣いているときには、泣いているという心のはたらきがあります。不安なときは、不安であるとの心のはたらきがあります。

昔、中国の法性寺《ほっしょうじ》で印宗《いんじゅう》という法師が『涅槃経《ねはんぎょう》』の講義をすることになっていました。始まる前に、二人の修行僧が議論を始めました。境内に立っている旗を見て、一人が旗が動いていると言い、もう一人は風が動いていると言って争ったわけです。

この議論を聞いていた慧能禅師《えのうぜんじ》は、

「旗が動いているとか、風が動いているとか言って議論しているが、実は旗が動いているのでもない、風が動いているのでもないのだ。それは、君たちの心が動いているのだ」

と告げたといいます。

この話は、『無門関《むもんかん》』(一)の公案の一則にあります。旗が動くとか、風が動くということは、心が動いているからであると、つまり心がつくり出しており、心のはたらきであるというわけです。このように、心のはたらきには心が動くという特徴もあります。

『ウダーナヴァルガ』には、

「ものごとは心にもとづき、心を主とし、心のように疾《はや》く動く。もしも汚れた心で話したり行動したりするならば、苦しみはその人につきしたがう。車を引く牛の足跡に車輪がついて行くようなものである。

ものごとは心にもとづき、心を主とし、心のように疾く動く。もしも清らかな心で話したり行動したりするならば、福楽はその人につきしたがう。影がそのからだにつきしたがって離れないようなものである」

と記しています。

ここで注目すべきことは、「もしも汚れた心で」と「もしも清らかな心で」の表現です。この表現から分かることは、「汚れた心」や「清らかな心」は本来ないということです。縁によって汚れた心になり、清らかな心にもなるということです。このことも心の特徴です。

『法句経』の中で、ブッダは、心について次のように説かれています。必要な言葉だけ紹介しますと、

「心は動揺し、ざわめき、護り難く、制し難い。

水の中の住居《すみか》から引き出されて陸《おか》の上に投げすてられた魚のように、この心は、悪魔の

支配から逃れようとしてもがきまわる。

心は、捉《とら》え難く、軽々《かろがろ》とざわめき、欲するがままにおもむく。

心は、極めて見難く、極めて微妙であり、欲するがままにおもむく。

心は、遠くに行き、独り動き、形体なく、胸の奥の洞窟にひそんでいる」

となります。

ブッダは、人の心は動き、もがき、とらえることが困難で、落ち着きがなく、制し難いものであり、実に厄介なものであるとされています。

「意馬心猿《いばしんえん》」という言葉もあります。馬が走り、猿が動くように、片時として落ち着かず、静まらない心の状態を述べたものです。

心は、このように不安定で、とらえることが難しく、抑制することが困難ですが、多くの人は、これらのことに気づかずに過ごしているといえます。気づかないことは、不安定な心に支配を受けていることです。

心は常に動き、制し難く、不安定であるから、人の心は迷うことになります。迷うようにしておれば、いつでも、どこでも迷うということです。

人生の中で、あれかこれかのものごとの選択、決断をしなければならないことは多くあります。当然、迷うことも多くなります。迷う心の底には、自分にとって利益になるか、不利益になるか、つまり、損か得かの心がはたらいています。

食べ物を例にとりますと、高くておいしい物と、安くてまずい物があったとします。どちらかを選ぶときに迷うことがあります。高くてまずければ買わないであろうし、安くておいしければ買ってしまいます。迷うことはありません。しかし、高くておいしい物か、安くてまずい物かを選ぶとき、どこに基準をおくかということになります。値段におけば、安くてまずい方を選ぶでしょうし、味の方におけば、高くてもおいしい方を買うことになります。値段か味かで迷うわけです。どちらの選択の方が、自分にとって損か得かということになります。初めから得をすると分かっていれば迷わないでしょうし、損をすると分かっていても迷うことはありません。

自分にとって損か得かで迷う心の底には、自分が一番可愛いという煩悩がはたらいております。この煩悩は、執着性《しゅうじゃくせい》の強い煩悩です。無意識のうちに自己に執われているから、自分にとって都合のよい得をする方を選ぶことになるわけです。この選ぶときに、迷いになるといえます。

私事になりますが、仏道を求めて高野山で出家して、基本となる修行を始めました。今から二十六、七年前のことです。ですが、当時の高野山をはじめ真言宗内で、悟りを求めて仏道修行に真剣に取り組んでいる僧侶にめぐり会うことはありませんでした。こちらは出家して間もないころであり、何も分かっておらず、求めることに必死でした。

真言宗内で名前が聞こえてくる人に会ったりしましたが、仏道ということで納得することはありませんでした。私は、真言宗に失望したのです。そして、迷ってしまいました。行を続けていましたが、迷ったままでした。

真言宗で仏道を歩むことが難しいのであれば、禅宗か天台宗に転宗しようかとも考えました。しかし、禅宗の僧侶に話を聞いたり、比叡山の修行僧と親しく交わる中で、どの宗派も似たような状況にあることが分かってきました。真剣に悟りを求めて仏道修行に励んでいる僧は、宗派を問わず極く少数であるということも分かってきたのです。

迷いを抱えて真言の行を続ける中で、徐々に真言宗で仏道を歩んでいこうとの覚悟ができてきました。そして、迷う心もいつのまにか消えてしまいました。私の仏道の迷いも、損か得かであったと認めざるを得ません。仏道を真剣に求めていたので、そのことに適した環境に身を置けるかどうかが私の損得の基準であったといえます。

次に、如来への信を取り上げてみたいと思います。姿・形がなく、言葉で表現することのできない如来を信じることができるかどうか、如来のはたらきを信じることができるかどうかという問題です。

私は、仏道の師であった玉城康四郎先生から、ブッダの開悟のときの第一声は「ダンマが顕わになる」であったと教えていただきました。ダンマは、形のないいのちのことです。このダンマと如来は、同じ意味です。

先生にお会いする度毎に、ダンマ・如来の事例を教えていただきました。私は、先生から直接ダンマ・如来についての教えを受け、ダンマ・如来について説かれている論文を読んでいたにもかかわらず、何年間かは頭で理解していても、信じることはできませんでした。

それでも真言の行を続け、毎日冥想を修しているうちに、ダンマ・如来が顕わになることが悟りであるとの教えを信じることができるようになりました。しかし、この信は未だ不完全な信であって、疑いも残っていました。

仏道を歩み始めてから十八年目で、体験的にダンマ・如来を理解できるようになりました。十二年間、玉城先生から教えを受けて、やっと体験的につかめたわけです。これを境に、ダンマ・如来への信は深まっていきました。

そして、この体験から四年後に、歓喜の宗教体験をしました。この後、ダンマ・如来への信は完全になりました。揺るぎない信が確立しました。なぜ揺るぎない信となったのかといえば、宗教体験はダンマ・如来の顕われだからです。ダンマ・如来のはたらきによって宗教体験となるわけです。揺るぎない信が確立するのは当然ともいえます。

如来と如来のはたらきを信じることができないのは迷いです。仏智のはたらきがないために迷うことになります。煩悩に覆い隠されているために信じることができないのです。私がそうでした。

それでは、どのようにすれば迷いから離れることができるのでしょうか。近代インドの代表的な思想家の一人ヴィヴェーカナンダ[二]は、次のような話を残しています。

「一人の出家者が、ある日、森の中で冥想していると、一羽の烏と鶴が木の上で騒いで葉を落としたので、彼は怒ってヨーガの力で頭から火を出して烏と鶴を焼き殺した。彼は、自分のヨーガの修行がここまで達していると思って喜んだ。彼は、町にやって来て、一軒の家の前で食を乞うた。その家の主婦は、奥から『しばらくお待ち下さい』と言った。それを聞いた出家者は、心の中で憤慨した。そのとき、奥から『自分のことばかり考えないで下さい。ここには烏も鶴もいませんよ』との声があった。

その出家者は驚いて、やがて出てきた婦人に『どうしてあなたは、わたしの心が分かるのですか』と尋ねた。すると、『わたしはあなたのヨーガについては何も知りません。わたしは普通の主婦です。いま丁度夫の看病をしていたので、しばらく待っていただきました。わたしは、生涯を自分の義務を尽くすことに終始しています。独身のときは両親に仕え、結婚をしてからは夫に仕えることを義務としています。これがわたしのヨーガの全体です。しかし、ひたすら義務を尽くすことによって、わたしには智慧が開けてきました』」

主婦は、このようなことをヨーガの出家者に語りました。在家者であっても、大切なことは、当面することにひたすら打ち込んでいく、今しなければならない仕事を徹底する、そのような打ち込みや徹底の中で心の迷いが消えて、智慧が開けてくることをこの話は表しております。

迷う心は、煩悩のはたらきを受けている心です。迷いから離れることは、正しい仏道を学んでいくことにほかなりません。正しい仏道を歩む中から、自ずと如来に気づくことになります。煩悩に覆われていても、如来は常にはたらきかけてくれています。いつでも、どこでも救いの手を差し伸べて下さっています。こちらの方が気づいていないだけです。

如来に気づくことにより、迷いから離れることができるのです。

（平成十三年八月）

（一）無門関　四十八則の公案の書である。原著者は無門慧開で、杭州の人。一二六〇年、七十八歳で遷化。

（二）ヴィヴェーカナンダ　一八六三年～一九〇二年。二十三歳で開悟。ヒンドゥー教の卓越した宗教家である。

第二章●求道の心

仏道の体現者

希有な仏道者であった玉城康四郎先生が、平成十一年一月十四日に還浄《げんじょう》されました。実兄が亡くなられたために、平成十年十二月二十四日に熊本に帰り、二十五日の葬儀の後すぐに帰京されましたが、そのまま風邪で寝込まれました。

肺炎を患い、一月十二日に入院したとき、家族に「大丈夫だから」と言われたそうですが、一月十四日に示寂《じじゃく》されました。先生の遺志により、家族だけで密葬が執り行われたそうです。

二十日に奥様から連絡をいただき、たとえようのない悲しみが、心の底の底から涌いてきました。夜中にふと眼が覚めてそのまま眠れず、蒲団の中で朝まで泣いていました。

二十二日の午後に、ご自宅を訪問しました。仏壇の前に遺骨が安置され、その横に私の初刊の小本を置いて下さっていました。読経《どきょう》を始めましたが、最初から涙で唱えられませんでした。

安らかな死であったそうです。「今までこんなに清らかで安らかな表情を見たことはなかった」と奥様は表現されました。ご家族は、先生を尊敬されていたと思います。奥様は、先生のことを意志の強い人だったと言われました。やり残した仕事があるので、生まれ変わって仏道を歩み、仕事の続きをしたいと先生は語っておられたそうです。

先生との最初の出会いは、先生の著書『白象の普賢』を通してでした。行の前に本屋に入りました。最初にこの本を手にして頁を開いたとき、思わず懐かしさのようなものを感じ、期待感のような心が生じました。

山籠《さんろう》の行に持参し、入堂の合間に貪り読みました。電気は通っていないので、夜はロウソクの灯で読んだわけです。是非、玉城先生にお会いしなければとの思いが涌いてきました。

初めて東京のご自宅を訪ねたのは、昭和五十五年七月二十六日でした。いくつかの疑問点を質問させていただきましたが、先生は初対面の未熟な私に何ひとつ嫌な顔をせず、こと細かく詳しく答えて下さいました。そして、自らの仏道にも言及されました。穏やかで暖かみのある人格に合掌するしかなかったのです。お会いして不思議にも懐かしさを感じてしまいました。

この日以来、年に二、三度訪問して教えを受けるようになったのです。最後にお会いしたのは平成十年十一月二十五日でしたから、十八年四ヵ月続いたことになります。

共に三十分ほど冥想を修し、その後教えを伝えていただくこともありました。教えの内容は、ほとんど仏道と悟りに関することでした。私が行じたときの境地や疑問に対して、時には経典や論書、先生の論文まで書庫から持ってきて下さり、的確に教えていただきました。特に先生の宗教体験の話は、私の求道心を奮い立たせるのに充分でした。

仏道や悟りの教えの合間に、ご自身のことも話して下さることがありました。

先生は、大正四年七月二十九日熊本で出生されました。家は浄土真宗の門徒で、父親は鉄道、製紙、製薬などの事業にたずさわっていたとのことです。物心のつく前から母親や祖父に連れられて、お寺参りをしておられました。家族一同篤信家であり、祖父は特に信仰が篤かったそうです。

小学校五年のとき、毎朝母親と一緒に聞法《もんぼう》(一)に行かれ、中学校に入っても法座に参加し、毎月僧侶を招いて家で開かれる『歎異抄《たんにしょう》』の講義を聞かれたということです。

第五高等学校に入り、今までの信心が崩れて虚《うつ》ろになってしまいましたが、仏教を学んで根本からやり直してみようという気持が涌いてこられたとのことです。高校二年のとき、父親が亡くなられました。父親の日記に諸行無常について記してあるのを読んで胸をつかれ、このことが仏教を志す動機になったとのことです。高校三年の夏、初めて坐禅に参加されました。

昭和十一年に東京大学のインド哲学仏教学科に入学されました。二年生になって、仏教は頭だけで分かるのであろうか、頭だけの理解では不徹底であるとの考えが出てきたとのことです。

その最中にかけがえのない師に出会うことができました。東大インド哲学の先輩奥野源太郎師でした。奥野源太郎師は九州大学の助手を辞し、東大のインド哲学に入り直しました。卒業して円覚寺で出家し、十年間修行したということです。玉城先生は、この奥野源太郎師に師事されました。奥野師に出会わなかったならば、今日まで坐禅は続いていなかったであろうと言われました。

奥野師に就くだけでなく、円覚寺の接心《せっしん》(一)にも参加されましたが、当時は坐れば坐るほど身も心もへとへとになり、悩みは深くなるばかりであったと言われています。

二十六歳の二月七日の午後、東大図書館で『十地経《じゅうじきょう》』の歓喜地《かんぎじ》の所を見ていたとき、宗教体験をされました。そのときの体験を次のように表現されております。

「何の前触れもなく大爆発して、木っ端微塵、雲散霧消してしまった。どれだけ時間が経ったのか分からない。我に帰った途端、むくむくと腹の底から歓喜が涌きおこってきた。それが最初の意識であった。長い間悶えに悶え、求めに求めていた目覚めが初めて実現したのである。それは無条件であり、透明であり、何の曇りもなく、目覚めであることに毛ほどの疑念もない。私は喜びの中に、ただ茫然とするばかりであった」

玉城先生の最初の宗教体験でした。大爆発のあと歓喜が涌いてきて、目覚めであるとのはっきりとした自覚があります。この体験は、悟りの体験であるとうなずくことができます。しかし、十日も経つと元の木阿弥になったとのことです。それでも坐禅に専念されました。

奥野源太郎師は、昭和十七年に世を去られました。このころ、もう一人の人生の恩師に出会うことができたと言われております。足利浄円師でした。足利師は京都で出版を営んでおられ、浄土真宗の信仰家で寺を持たず、非僧非俗の生活をされていました。

昭和十五年大学を卒業した四月に、友人の紹介で、いきなり京都に師を訪ねられたといいます。玄関先で出会った瞬間、「この先生だ」と直覚《ちょっかく》されました。たった一目で全幅の信頼が結ばれたとのことです。足利師は六十歳をこえておられ、ぽつりぽつりと静かに語られるタイプだったようです。

大学院に進みましたが、悶え悩みの連続であったといいます。こんなとき、足利師の許へ足を運ばれたようです。京都までの八時間ほどの間に、列車の中で疑問を整理し、足利師の宅を訪れてお茶を啜《すす》っていると、疑問が自然に解決したと言われております。こんなことが何度かあったとのことです。玉城先生は、二人の師を得られたわけです。一人は禅、一人は浄土でした。

昭和十七年、応召を受けて入隊されましたが、夜は必ず坐り続けたとのことです。終戦の年の十二月、京都に足利浄円師を訪ねられました。玄関に出てこられた浄円先生の寂かで力に満ちた雰囲気をずっと忘れることができない、と言われております。

私事になりますが、昭和五十九年七月、新幹線三原駅から呉線の列車に乗っていたときのことです。途中の駅から乗車してきた老人に、何宗の僧侶かと尋ねられました。真言宗だと答えると、戦後この沖の生野島に足利浄円先生という立派なお坊さんが住んでおられたと教えてくれました。二年程前、玉城先生から、「私の師は足利浄円という人でした。瀬戸内海の島に庵を結び、そこで念仏三昧の生活をしておられました。仏の子に生まれてきたような人でした」とお聞きしていましたので、足利浄円師の名前が記憶としてよみがえってきました。

私は故郷の広島県の大崎上島に庵を構えていた関係で、毎月島に帰っておりました。調べてみますと、なんと生野島は大崎上島にある三町の一つ、東野町に入る小さな島であることが分かりました。さっそく生野島に渡り、ゆかりの場所を訪ねました。

みかんの樹々に囲まれる中に、平屋が当時のまま残っていました。その脇に「足利浄円師居住趾」の石碑がありました。セミ時雨と草いきれの中で、法縁の不思議さを感じて、しばらくたたずんでいました。石碑には、足利浄円師の歌がありました。

「いづれより咲きにほうらむ
　山里の山という山　みな花の咲く　南無阿弥陀仏」

居住趾の近くに小さな集会所があり、正面に金色の阿弥陀如来像が安置されていました。壁に足利浄円師のデスマスクと生前の顔写真が掛けられていました。穏やかで気品のあるお顔です。「徳の高い人だった」といわれた通りのお顔でした。

足利浄円師はこの島でみかんを栽培し、同志と共に念仏を称え、法座を開かれていたようです。昭和二十三年ごろ、玉城先生は大崎上島と生野島を訪ねておられます。そのころの私は四歳で、大崎上島にいました。足利浄円師は、昭和三十年に還浄されております。居住趾の石碑、建物、デスマスク、さらに東野町役場に展示されている遺品を写真に撮り、玉城先生にお渡し致しました。先生は、法縁のつながりに驚いておられました。

玉城先生は、昭和二十六年に哲学を学ぶため東大の大学院に入り直し、昭和二十九年に東洋大学仏教学科に助教授として勤められました。坐禅は怠ることなく続けておられます。昭和三十四年四月、東大インド哲学科に助教授として移られました。この年に東京大学文学博士の学位を取得されております。

東大に移っても坐禅を続け、安谷白雲老師に参禅されました。公案を次々に解いていき、見性《けんしょう》(三)を許されましたが、疑問が涌いてきたということです。公案は中国の禅僧の問答であり、他国の他人の問題である。真の公案とは、他人のことではなく、現在の自分自身の根本問題を直接老師にぶつけることではないのかという疑問です。

公案を解いていく満足感の奥深い無意識のなかに、未解決のどす黒い我塊《がかい》があることに気づかれました。このまま坐禅を続ければこのことはあいまいになってしまうと、安谷白雲老師に詳しく述べ、老師から快く承認されて禅宗の坐禅から訣別されました。

昭和三十九年に東大教授に任ぜられ、昭和四十年に文部省による海外留学として一年間、ヨーロッパ、アメリカを視察されています。この旅では、三つの目標を定められたということです。

一つは、ハイデガー以後のドイツ哲学がどのように展開しているかを知ること。二つは、ユングの深層心理と仏教の深層の関係を知ること。三つは、広く見聞を広めることでした。ドイツではハイデガーと面談し、スイスではユング研究所に通い、心理学者の講義を聞いたり、図書館の書物を読みあさったということです。この旅の最大の収穫は、東洋と西洋の問題だけではなく、世界全体、人類全体を視野に入れて、未来への道を開いていかなければならないということをひしひしと感じたことだと言われています。

冥想は毎日続けられていましたが、一進一退であったようです。ある日、先生にとって全く画期的な経典の言葉に出会いました。初めてブッダの解脱の光景に触れられたということです。それは、『ウダーナ』に記されている偈《げ》でした。初夜《しょや》・中夜《ちゅうや》・後夜《ごや》とありますが、後夜の偈は次のようになります。

「実にダンマ(四)が、熱心に禅定に入っている修行者に顕わになるとき、そのとき一切の疑惑は消滅する。あたかも太陽が虚空を照らすように、悪魔の軍隊を粉砕して安らっている」

ブッダが苦行の後、冥想に専念して入定されていたとき、歓喜の大爆発があったとされています。それが静まって自分に帰ったとき、初めて口を突いて出てきた言葉が、この『ウダーナ』であると言われています。ブッダは、その大爆発の目覚めを、

「ダンマが顕わになる」

と表現されたのです。

玉城先生はこの偈に初めて触れたとき、形なきいのちがブッダの全人格に顕わになったことと、先生ご自身の大爆発とが相照応し、感応道交《かんのうどうこう》(五)して、うなずくことができたと言われています。坐禅を離れ、ブッダの禅定を学んで十年ほど経った五十八歳のときでした。

ブッダの解脱の原点に触れ、大爆発の仕組み「ダンマが顕わになる」ということを知ることができたのは、正に画期的なことであったと述懐されています。

その一方で、昭和四十四年から道元の『正法眼蔵』を学び始め、以後二十五年間訳し続け、論文を書き続けました。また、昭和四十八年の夏、山形県の山中に籠って、『新約聖書』のパウロを読まれました。邦訳の聖書と三種類の英訳本、ギリシア文と英文を対照したもの、それにノートを持参して、パウロの文書を読まれたわけです。パウロによってブッダが鮮やかになってきたとのことです。

昭和五十一年三月、東京大学を退官し、東北大学に三年間奉職されました。この三年間の最大の収穫は、業熟体についてブッダに学んだことだと言われています。ぼう大な経典の中から、業熟体の説法に気づいたのは、親鸞の宿業の教えを聞いていたからだとのことです。ダンマ・如来はこの業熟体に顕わになり、滲透し、通徹し続けるということに気づかれたのです。「大爆発」「ダンマが顕わになる」「ダンマ・如来は業熟体に顕わになり、滲透し、通徹し続ける」という三つの気づきで、仏道の重要な諸問題が解決されたとのことです。

玉城先生の仏道の中心は、ブッダの禅定を習い続けること、すなわち冥想であり、このことに並行して仏教研究をされていたように思えます。

昭和五十四年三月、東北大学を退官され、日本大学に勤め始めておられます。昭和五十五年、六十五歳のとき、アメリカのコーネル大学で三週間仏教の講義をされました。この年の七月、私は玉城先生とご縁ができたわけです。

昭和六十二年、台北の中華仏学研究所で一ヵ月間講義をされました。聴講生は非常に熱心であったと語っておられました。六十三年に韓国に九日間滞在しての講義では、韓国の仏教学者や僧侶は、仏道に対して極めて真剣であったと感心されていました。平成元年にハワイの東西哲学者会議で基調講演を行いましたが、何の反応もなかったと言われていました。

平成三年、風邪をこじらせて七月末から十一月中頃まで入院されました。十二月に入ってからご自宅に伺いますと、入院中の様子を話して下さいました。要約すると次のようになります。

「入院してから三日目の深夜、突然無間地獄に堕ちた。火風が右から左へと、体を吹き抜けていった。火あぶりの刑である。焔《ほのお》が見えるのでもなく、赤鬼や青鬼がいるわけでもない。形のないままの火あぶりである。死ぬはずであるのに、死ななかった。後で看護婦に聞くと、三時間、あるいは五時間であったという。激痛の中にあって、激苦のまま、死ぬべき者が死なない、死と不死が一つになっているという思いが出てきた。同時に如来が感知されてきて、安らぎを覚え、眠りに入った」

信心も、救いも、目覚めも、全くたよりにならず、泡のように消えていったが、ただダンマ・如来だけが顕わになり、滲透し、通徹し続けていくという事実が明確になったことは貴重な体験であったと言われています。

平成五年、七十八歳になりますと、境地が一段と深まってこられています。

「如来が自分の体の中に入ってきて、白毫《びゃくごう》から如来が出てこられた。力が出てくる。大乗経典にある額から大光明が出ることは本当のことである。坐禅中このことが続いた。こんな自分のような者に如来が顕われていいのかと思った。自分が仏になったとは思わない」

平成六年になりますと、ダンマの力だけに催されるようになり、ダンマの力が体の中に満ちてきて、虚空・宇宙に向かって放たれていくという体験をされています。

平成八年に八十一歳になられました。このころの境地は、さらに深まっておられます。

「如来がはたらき続けている。どこまでも深く、じわっと吹き出てくる。体がどこまでも浄化されていく。業の深さが無限であるゆえに、浄化も無限である。浄化されていくことは如来の命令である」

どこまで深く如来が玉城先生にはたらき続けるのか分らない程です。

八十二歳になられますと、

「四無量《しむりょう》心《しん》(六)が宇宙全体に広がっていく。ブッダの教えにしたがって行じていくものはすべてそうなる。そうなると利他行しかない」

とまでの境地に達しておられます。ここまで深めておられました。

八十三歳の最晩年には、

「自我がダンマ・如来となってあふれていくから全宇宙となる。自分がダンマ・如来となっている。充足しているから自我が無くなる。うち任すと充足する」

との境地を伝えて下さいました。

計り知れない境地です。空《くう》・唯識《ゆいしき》(七)は問題ではないと言われていましたが、このような境地の裏付けがあったので出た言葉だと思われます。

最後に先生からご教示いただいたのは、平成十年十一月二十五日でした。そのとき、「ブッダと盤珪禅師《ばんけいぜんじ》(八)と玉城先生に、不思議と懐かしさを感じている」とお伝えしました。先生はしばらく考えておられましたが、「土性《どしょう》、縁としか言えない」と言われました。

いかに勝れた機根《きこん》に恵まれていても、精進《しょうじん》は必要です。玉城先生は、ブッダの禅定である入出息念定《にっしつそくねんじょう》(九)を朝夕欠かさず修することによって、このような境地に達せられました。

玉城先生の最晩年は、ただダンマ・如来にのみしたがっておられたと思います。このことは、正にブッダの根本精神そのものです。また、仏道の根源態でもあります。

先生は、若い人は自分を乗り越えて行って欲しいと言われておりました。ご自身の仏道に確かさを感じておられたからこそ出た言葉だと思っています。

私は、玉城康四郎先生は仏道の体現者としてこの世に出てこられた人だと確信しております。

（平成十一年三月）

（一）聞法　仏法を聞くこと。
（二）接心　接心会《せっしんえ》の略称。一定期間、ひたすら坐禅修行することをいう。
（三）見性　本来そなわっている自己の本性を見ること。見性することは、禅の悟りである。
（四）ダンマ　ダンマはパーリ語。漢訳すると法になるが、法では意味が通じない。ダンマは、形のないいのち、純粋ないのち、いのちとしかいえないものである。言葉で表現することはできない。
（五）感応道交　衆生の境地が熟すと、仏の方からのはたらきがあり、互いに通じあう。
（六）四無量心　慈・悲・喜・捨の四つのはかりしれない利他の心。
（七）唯識　あらゆる存在は、識すなわち心によってつくられたものとする見解。
（八）盤珪禅師　一六二二〜一六九三年。十七歳で出家し、苦行を重ね、二十六歳で大悟した。不生《ふしょう》禅《ぜん》を提唱し、多くの僧俗を教化した。
（九）入出息念定　呼吸に専念する冥想法。ブッダが主として修していたとされる。ブッダの禅定ともいう。

仏教は女性を軽視しているのか

仏教界では長い間、女性は男性よりも劣っており、女性は成仏《じょうぶつ》できない、いわゆる女性は悟ることができないとしてきました。その根拠となった経典は、『法華経《ほけきょう》』と『無量寿経』だと考えられています。

『法華経』には、舎利弗《しゃりほつ》が竜女《りゅうにょ》に、

「女身は垢穢《くえ》であり、法器ではない。無上菩提を得ることはできない。（中略）また女人の身には、五つの障《さわ》りがある。一には梵天王《ぼんてんおう》となることはできない。二には帝釈天《たいしゃくてん》、三には魔王《まおう》、四には転輪聖王《てんりんじょうおう》、五には仏身《ぶっしん》となることができないのだ。どうして、速かに成仏することができようか」

と語っている場面があります。

無上菩提とは、この上ない悟りということです。インド思想で宇宙の最高原理をブラフマンといいますが、ブラフマンを神格化したものが梵天王です。また、インドラ神が仏教に取り入れられて帝釈天になりました。梵天王も帝釈天も共に仏教の守護神です。魔王とは、四天王のことです。四天王は帝釈天に仕え、仏法を守護し、仏法に帰依する人々を守護する護法神です。転輪聖王は、インド神話においては世界を統一支配する帝王ですが、仏教に取り入れられて、一切の障害を破砕、降伏《ごうぶく》する力のある仏となりました。

舎利弗は、

「女性は穢《けが》れており、悟りを得ることができない。また、女性には五つの障りがあるので、悟りに達することはできない」

と語っているわけです。

しかし、結果として、竜女は成仏いたします。このことを「女性は成仏できるか」に記しております。

次は、『無量寿経』です。本経では、法蔵菩薩《ほうぞうぼさつ》の本願が説かれています。法蔵菩薩は、修行を積んで阿弥陀如来となりますが、非常に秀れた菩薩であり、救済者となるために四十八の本願をもったわけです。

その三十五番目は、次のようなものです。

「もし私が悟りを得た後に、あらゆる無量・不可思議の仏たちの世界において、女性たちが私の名を聞いて、清らかな心を生じ、悟りを求める心をおこし、女としての性《さが》を厭うたとしても、彼女たちが次の世に再び女性の身を受けるようなことがあるならば、その間は、私は究極の悟りを体得しないであろう」

女性がいくら悟りを求める心を起こしても、次にまた女性として生まれてくるならば、このようなことがある間、私は悟りを体得することはないと言っているのです。つまり、女性である限り、極楽浄土に往生できないというわけです。

『法華経』や『無量寿経』には、このように女性を軽視している箇所がありますが、同じ大乗経典の『維摩経《ゆいまきょう》』『華厳経《けごんきょう》』『勝鬘経《しょうまんきょう》』などでは、逆の面がみられます。

『維摩経』には、女性を軽視する舎利弗に対して、天女が舎利弗の考えをいさめる話があります。どうして女身を転じて男の身とならないのかと問う舎利弗に対して、一体どうして女身に転ずる必要があるのかと天女は答えています。そして、

「たとえば幻術師がつくり出した幻の女に、『あなたはどうして女身を転じて男の身とならないのか』と問うたなら、この人は正しい問を発したことになるのでしょうか」

と質問しております。

「それは、正しい問ではありません。幻に対してですから」

と舎利弗は答えました。

そこで天女は、次のように言いました。

「一切のことがらもその通りです。女身を転じて男の身とならないのはなぜか、と問う理由などありません」

天女は、神通力で舎利弗を天女のような姿に変えました。そして、舎利弗に問いました。

「なぜ女身を転じて男の身とならないのですか」

「私は女人の身となってしまいましたが、なぜこのようになったのか分からないのです」

「舎利弗さま。もしもあなたがご自分の女人の身を男の身に転ずることができたならば、一切の女人も女身を男の身に転ずることができるでしょう。あなたは実は女ではないのに女人の姿になったように、一切の女人もそれと同じことです。彼女たちは女身の姿になっていますが、実は女ではないのです。だからこそ、仏は、一切のものは男ではないし、女ではない、と説かれているのです」

このように言って、天女は舎利弗を元の姿にもどしてたずねました。

「女身の姿は、いまどこへ行きましたか」

「女身の姿は、もはやあるのでもなく、ないのでもないのです」

以上が天女と舎利弗の問答です。舎利弗は、天女から間違った見方を正されていることが分かります。男と女の区別は、迷いの心、分別がつくり出したものであり、分別から離れた眼で見るならば、男女の区別はないし、あるとかないとかいうことではない、というわけです。女性を軽視していた舎利弗は、天女から誤りを手厳しく指摘されたのです。

また、『華厳経』には、善財童子《ぜんざいどうじ》という少年が文殊菩薩に励まされて、五十三人の善知識に会って教えを受ける旅のことが語られております。

五十三人の善知識の中に、女性が十一人含まれています。女性の出家者である比丘尼が一人、在俗の女性信者が四人、夫人が二人、女人が一人、少女が三人です。五十三人の善知識、すなわち師は必ずしも仏教に関係しておらず、男性と女性の区別もなく、出家と在家、職業の貴賤の区別もないことが分かります。

問題はそういうことではなくて、善知識がどれだけ道に達しているかが重要であったわけです。

善財童子が最初に出会った女性は、休捨《ぐしゃ》と呼ばれている信者でした。この女性の姿を見た者は、最上の悟りに達して後戻りすることがないとされており、彼女のもとにはあらゆる方角から仏が来て彼女のために説法をして下さるということです。彼女と親しくなる者は、皆すべて良い結果になるとされています。

『華厳経』には、このように女性のもつ特長が比喩で物語られている箇所がいくつかあるのです。そこには、女性への軽視はありません。

また、『勝鬘経』の主人公は勝鬘夫人《しょうまんぶにん》であり、夫人の仏教理解の説法がその内容となっています。女性軽視は、全く見られません。

ブッダは、女性であるからといって差別し、軽視することはありませんでした。ブッダは初め女性の出家を認めませんでしたが、女性も修行すれば悟りを開くことができるとして、出家を許可されるようになりました。

実に様々な境遇の女性が出家しております。遊女をしていて多くの収入があったが、自分の容色に嫌悪を感じて出家した女性がいます。

死んだ子供を墓場に埋めたが、獣に食べられるのを目撃した女性がいました。彼女の夫は死に、両親や兄弟も死に、一族が絶えてしまい、世の人々に嘲笑されながらも生きて出家した女性もいました。

また、夫が自分の母親と情を通じたため別れて再婚したが、今度の夫は愛人をつくります。三人一緒に生活するようになったが、その愛人は自分の娘であることが分かり、気も狂わんばかりにとり乱して家を飛び出した女性がいます。彼女はブッダに経緯と悩みを話し、ブッダの教えを聞いて出家しました。

ブッダはこれらの女性を受け入れ、教え導かれました。彼女たちは、精進を重ねて悟りを開いておられます。宗教上の能力に男女の差はないとするのがブッダの立場です。

それではわが国の祖師たちは、どのように考えていたのでしょうか。

道元禅師は、『正法眼蔵』の中で、

「正法《しょうぼう》の眼をそなえた比丘尼は、四果《しか》(一)・辟支仏《びゃくしぶつ》(二)、あるいは三賢《さんげん》(三)・十聖《じっしょう》(四)も来て、礼拝・問法《もんぼう》するときは、その礼拝を受けるべきである。相手が男性であるからといって、とくに貴いということがあろうか。虚空は虚空であり、四大《しだい》(五)は四大であり、五蘊《ごうん》(六)は五蘊である。女人もまた同じであって、得道《とくどう》している者は、いずれも得道しているのである。ただ、その得法ということをいずれの人も敬重すべきである。男女の区別を論じてはならない。これこそ仏道の極意の法則である」

と男女を区別してはならず、仏道にどれだけ達しているかが大切である。悟りを得た女性の修行者は、阿羅漢や独覚、高位の菩薩から礼拝を受ければよいと断じています。仏道の境地こそ重要であって、男女の区別は問題ではないと説いているのです。

また、親鸞聖人も『教行信証』で次のように語っています。

「いったい、海のように広い大信《だいしん》について考えてみると、それには身分の上下や、出家・在家の区別はなく、男女・老幼の別なく、犯した罪の多少とも関わりなく、修行期間の長短も問題とならない」

信心には、身分の上下、僧俗、男女、老幼、罪の多少、修行の長短は問題ではなく、信心の前ではすべて平等であると述べています。聖人の境地の深さがうかがわれる教えです。

このように道元禅師も親鸞聖人も、男性と女性という分けへだてはなく、女性を軽視していないことが分かります。

仏教はインドで生まれたものであり、何らかの形で男性優位のインドの習俗の影響を受けてきたことは否定できません。中国から日本への伝来の中でも、当然女性軽視の風潮を受けています。男女平等が認められている現代のわが国でも、その名残はあります。

しかし、ブッダやいくつかの大乗経典、わが国の道元禅師や親鸞聖人の教えから、はっきりと仏道は全く男女平等であると言えるのです。

仏教が女性を軽視したことは、軽視された女性だけの問題ではありません。軽視した男性だけの問題でもありません。人の問題です。軽視・蔑視・差別は、すべて人の問題です。それは、我執に関係しているからです。我執がはたらいている限り、軽視・蔑視・差別はなくなりません。しかし、我そのものはなくなりませんが、我執のはたらきをなくすことは可能です。

ブッダや大乗経典の説法者をはじめ、祖師方は悟りを体現して境地を深められ、我執のはたらきから離れられていたので、自ずと女性への軽視を否定されたのだと思います。正しい仏道の歩みの中から出てきた境地なのです。

（平成十二年九月）

（一）　四果　四果支仏のこと。四果を悟った阿羅漢《あらかん》と独覚《どくかく》のことである。四果とは、修行の四つの成果のこと。
（二）　辟支仏　独覚のこと。独覚とは、一人で悟る人のことをいう。
（三）　三賢　十住・十行・十回向の菩薩。
（四）　十聖　十地の菩薩。
（五）　四大　一切の物質を構成する四つの元素。地・水・火・風をいう。
（六）　五蘊　人の存在を構成する五つの要素。色・受・想・行・識をいう。

仏になる可能性

『法華経』に、衣裏《えり》の宝珠《ほうじゅ》のたとえ話（一）があります。ある男が親しい友人の家に行ってごちそうになり、酒を飲んで酔っ払ってしまいました。その友人は、用事があって急に外出しなければならないことになりました。そこで、その友人は酔って眠っている男の着物の裏に高価な宝珠を縫いつけて外出しました。

男は酔っ払っていたので、何も知りませんでした。その後、他国を流浪する生活が続きました。そのうち金がなくなり、生活に困るようになってきました。働いても苦しさは少しも減りませんでした。少し金が入ればこれで安心だとして、その日暮らしで満足していたわけです。

ある日のこと、宝珠をくれた友人にたまたま出会いました。見すぼらしい男の姿を見て、「お前は何と馬鹿な奴ではないか。どうして衣食のためにこんなだらしのない生活をしているのか。自分は昔、お前に安楽な生活をさせてやろうと思い、欲しいものはどんなものでも手に入れることができるように高価な宝珠をお前の着物の裏に縫いつけておいたのだ。

それを売れば、大変な金が手に入るのだ。そのことをお前は知らないで自分で苦しみ、わずかな生活費を得ている。何と愚かなことではないか。着物の裏の宝珠を取り出して売り払い、生活の糧《かて》にすればよい。そうすればいつも思うような生活ができて、不自由なことは全くなくなるぞ」

と教えました。

ここにいう宝珠とは、仏性《ぶっしょう》のことです。仏性とは、仏に成れる可能性をいいます。人はすべて等しく仏性をもっているとの教えは、大乗仏教の大切な教義の一つです。

このたとえ話は、人は仏性という宝珠をすでにもっているが、酔って眠っているような状態なのでこのことに気づかないということを表しています。友人とは、仏のことです。友人が忠告してくれたことは、仏が人には仏性があるのだからそのことに早く気づくようにと警鐘を鳴らしてくれていることなのです。

この仏性について大乗の経典である『涅槃経《ねはんぎょう》』の中に、

「一切衆生《いっさいしゅじょうしつう》　悉有仏性《ぶっしょう》」

という言葉があります。衆生とは、生きとし生けるものを指します。すべての生きものは、仏になる可能性をもっているとの意になります。

「一切衆生悉有仏性」の教えは、中国、日本の仏教に大きな影響を与えてきました。この教えは、本覚《ほんがく》の思想に発展してきます。本覚というのは、もとより悟っているということです。生まれつき悟っている、あるいは生まれる以前からすでに悟っているという意味です。

すでに悟っているのであれば、修行する必要などないのではなかろうかとの疑問がわいてくることは当然なことだと思います。曹洞宗の開祖である道元禅師は比叡山での修行中、同じような疑問をもったと伝えられております。本来悟っているのであれば、三世《さんぜ》(一)の諸仏はなぜ発心し修行をしたのか、という疑問をもったといわれております。

善知識を訪ね、最終的に栄西《えいさい》(三)のところに行って解答を得ますが、納得がいかないので中国に渡ります。天童山の如浄《にょじょう》(四)のもとで坐禅に励み、悟りを開いて帰ってきました。

また、浄土真宗の開祖親鸞聖人は『浄土和讃』の中で、「大信心《だいしんじん》は仏性なり、仏性すなわち如来なり」と表現しております。仏性とは、阿弥陀如来の本願他力《ほんがんたりき》を信じる大信心であると言っています。

このように、道元も親鸞も仏性を追い求めることによって境地を深めていったともいえます。

さて、仏性という宝珠を誰でも平等にもっているといわれても、多くの人々はこのことに気づかずに過ごしているのが現実です。煩悩のはたらきに支配され、我執に縛られて、知らず知らずのうちに悪業を重ねて苦悩しているのではないでしょうか。

一人一人生を受けてこの世に生まれてくることは、無限といっていい程の過去からの業を受け継いで現れてくることでもあります。このことは、否定のしようのない事実です。

それと共に、この世に生を受けてから今日まで実に様々な行為を重ねてきております。これは、自己の責任による業の積み重ねです。無限といっていい程の過去からの業は、自己の責任外の業といえます。

現実のわが身は、これら両方の業を受け継いでおり、また瞬間瞬間これらの業が熟して変化しております。このように業が熟していくわが身のことを、玉城康四郎先生は「業熟体」と造語されました。

私は平成九年の九月から十月にかけて、入出息念定すなわちブッダの禅定とされる冥想を三週間集中的に修しました。この行は、業の闇の深さを知ることになった行でもありました。煩悩がわいてきてどうすることもできない時もありました。今までの修行は一体何だったのかという無力感さえありました。

業熟体の闇の深さにとまどいすら覚えることが度々ありましたが、それでも呼吸を続けているだけで三昧《さんまい》（五）に入れることが何度かあったわけです。

煩悩のはたらきに支配され、我執に悩まされているのは正に自己そのものです。しかし、このような状態でも、そのまま三昧に入れたのです。三昧に入れたのは、自己の力ではありません。如来のはたらきとしか言えません。三昧は、やすらぎの状態です。苦悩がそのままやすらぎに変ったわけです。とても自己の力でやすらぎを得たとは思えません。

また、冥想中に、「業熟体のままでよい」との思いがフッと出てきたとき、身体が軽安《きょうあん》になり、頭も明晰となり、そのまま歓びの心となったことがありました。

業熟体である自己は、生きている限り業が熟すことから逃れることはできないのですが、このことが分からなかったわけです。つまり、業の闇をかかえたままで良いということです。しかし、業の闇をかかえたままで良いということは、何もしなくても良いということではありません。業の闇をかかえたままで、仏道を続けていくということです。

業熟体を否定して何とかしなければ、との思いをもつことは誤りです。この思いと同じような内容が法然上人《ほうねんしょうにん》(六)の教えにあります。

「前世の宿業でこの身となっているのだから、この身を何とかしようと思わないことである」とあります。

法然上人のこの言葉を味わいますと、救われる思いがいたします。本当にこの言葉の通りです。

われわれは業熟体そのものであり、業の闇から逃れることはできませんが、業熟体に如来がはたらいていることを知りました。仏性があるから如来がはたらいてくれるわけです。そのため、このことに気づくことしかないといえます。

（平成九年十一月）

(一)　宝珠　宝玉のこと。
(二)　三世　過去・現在・未来をいう。
(三)　栄西　一一四一～一二一五年。日本臨済宗の祖とされる。鎌倉幕府の帰依を受け、建仁寺等を建立し、仏教の中興につとめた。
(四)　如浄　一一六三～一二二八年。中国越州に生まれる。十九歳で出家し、中国曹洞禅で修行して大悟した。その禅は只管打坐に徹したものであった。道元の師である。

（五）三昧　心の静まった状態。とらわれから離れている境地。

（六）法然上人　一一三三〜一二一二年。十五歳のとき比叡山で出家。約二十五年間叡空につき、京都や奈良で学僧たちと交わり、研鑽を積んだ。後に専修《せんじゅ》念仏に帰し、東山吉水で浄土念仏の教えを説いた。浄土宗の開祖。

熱意は通じる

熱意で人に接すると、こちらの思いが通じることがあります。たとえそのとき通じなくても、後になって通じることもあります。そのときの熱意が、良い縁となったからです。こちらの思いが通じないといって嘆いたりしますが、熱意でもって接したのかどうかをまず問う必要があります。

この熱意でもって人々に接した修行者の話が、『法華経』にあります。その修行者とは、常不軽《じょうふぎょう》菩薩《ぼさつ》です。この修行者は、どんな人間にも尊い仏性があるとして、あらゆる人々を礼拝《らいはい》しました。

正法《しょうぼう》が滅して、像法《ぞうほう》の時代に入ったときの話です。正法とは、ブッダの正しい教えが実践されていた時代のことです。像法の時代は、正しい教えに似た教えが広まっていた時代であり、正しい修行ではなかったので悟りを開く者はいなかったとされています。

この時代には、増上慢《ぞうじょうまん》の僧が大きな勢力をもっていました。増上慢の僧とは、他人よりすぐれているとする思い上がった僧のことです。この増上慢の僧がはびこる中に、一人だけ違った修行者がいました。それが、常不軽菩薩というわけです。

この菩薩は街で行き交うどんな人にでも、

「私は決してあなたを軽《かろ》んじません。皆さんも必ず仏に成れるのですから」

と言って礼拝しました。

相手の身分・職業に関係なく、どんな人に対しても敬っていました。どんな人も軽んずることがなかったので、常不軽菩薩と言われたのです。

この菩薩は経典を読誦することなく、ただ人々を礼拝しました。どんなに遠くにいても、その人のところへ出向いて礼拝をしたということです。

常不軽菩薩が人々に礼拝を続けたことには理由がありました。それは、いかなる人も仏に成る可能性をもっており、正しい仏道を行じさえすれば必ず仏に成れることを確信していたからでした。そのため確信と熱意でもって、どんな人にでも敬って礼拝したのでした。

どんな人に対しても敬うことは、その人に対して気づくことを促すことでした。「自分自身の仏性に早く気づいて下さい。気づいて修行すれば仏に成れるのだから」と伝えるためでした。言葉で伝える代わりに、礼拝でもって伝えようとしたわけです。

どんな人にでも礼拝することは簡単にできることではありません。人々を救おうという信念がなければできることではありません。礼拝された人の中には、怒って悪口を言う人がいました。あるいは杖で打ち、瓦や石を投げつける人もいました。それでも逃げながら声高に、

「私は決してあなたを軽んじません。皆さんも必ず仏に成れるのですから」

と言って礼拝を続けたということです。

増上慢の僧たちは、常不軽菩薩がただ者ではないことに気がついてきました。そして、さらに多くの人々を教化《きょうけ》するようになり、長い間の修行の結果として、最上の悟りに到達しました。

このような常不軽菩薩の熱意と比較することはおこがましいのですが、私のインドでの体験を話したいと思います。

昭和五十九年に東京と京都の国立博物館で「古代インド彫刻展」が開催されました。東京国立博物館で玉城康四郎先生が同彫刻展を観覧されたとき、思わずある作品の前で釘づけになったといいます。南インドのナーガールジュナコンダ考古博物館から出展されてい

た「仏塔図浮彫」という作品でした。

ブッダが菩提樹の下で悟りを開かれたときの第一声は、「ダンマが熱心に禅定に入っている修行者に顕わになる」であったと『ウダーナ』に記されております。「仏塔図浮彫」は、正にこのことを表現していると玉城康四郎先生は気づかれたのでした。

「ブッダの目覚めそのものが示されている。ブッダの目覚めが原始・大乗仏教を通貫してこのような形像に現れたのかと、感動で身の震えるのを禁じえなかった」と玉城康四郎先生は語っておられました。

平成九年六月、先生からこのことをうかがい、是非この作品を拝したいと思いました。彫刻展の図録写真を拝見しましたが、最も重要な「ダンマが顕わになる」という燈火の表現が陰影となっていて拝することができませんでした。そのため両博物館、後援をしていた新聞社、出版社などに問い合わせましたが、写真資料はありませんでした。そこで、南インドのナーガールジュナコンダ考古博物館に行って確認しようと決心しました。

考古博物館を訪ねてもこの彫刻があるかどうか、またあっても拝見できるかどうかという問題がありました。それでも、ブッダの目覚めそのものが表現されている彫刻を、どんなことがあっても一度は拝みたいという強い思いがありました。

平成十年二月、インド政府考古省から撮影許可証を得て、四人の賛同者と共にインドに向けて出発しました。南インドのチェンナイ（旧マドラス）から入国し、約一時間の飛行でハイデラバードに移動しました。この市から東南方向約百六十キロの所に、ナーガールジュナサーガルという湖畔の小さな町があります。そこから約一時間船に乗ってナーガールジュナコンダに到着します。この島の中に考古博物館があるわけです。

館長に面会を求め、趣旨を説明しましたが、許可証に不備があったために撮影は許可されませんでした。私はなぜこの博物館にはるばる日本からやって来たのか、捜している彫刻が仏教徒にとっていかに重要な意味をもっているのかを熱意でもって伝えました。

館長はしばらく黙考していましたが、その彫刻に限り三枚だけという条件で撮影許可がおりました。展示作品を館長と館員も一緒になって捜してくれましたが、私の望んでいた彫刻はありませんでした。館長はわざわざ収蔵庫まで案内してくれました。何十点もある彫刻の中から目当ての作品を捜しましたが、見つけることはできませんでした。ただ、非常によく似た彫刻があり、肝心なダンマを表した燈火の部分が確認でき、写真に撮ることができました。

その後、館長は「いいものを見せましょう」と言って、金庫から包みを持ち出してきました。何とそれはブッダの舎利《しゃり》（一）でした。舎利は金の容器に入っていました。その金の容器を銀の容器で包み、さらにそれを銅の容器で包み、最後に陶器で包んでありました。全く思いがけない舎利の拝見でした。当方から求めたわけではなく、館長の方からの提示でした。喜びと共に驚きがありました。

ナーガールジュナコンダより東方向約百六十キロの地にアマーラヴァティがあります。この地は、密教にとって大切な場所です。南天の鉄塔の伝承がある所なのです。真言密教の八祖の一人、龍猛《りゅうみょう》菩薩《ぼさつ》が南天の鉄塔の扉に芥子を七粒投じたところ、扉が開き中から『金剛頂経《こんごうちょうきょう》』、『大日経《だいにちきょう》』の経典を見い出したとされています。両経は、密教の最も重要な経典とされています。その南天の鉄塔が、アマーラヴァティの大塔ではないかと考えられてきました。ただこの大塔は現存しておらず、塔の跡が残っているだけです。

アマーラヴァティの考古博物館の中庭には、縮小された大塔が復原されていました。博物館には密教関係の仏像が安置されていました。館長に面会を求めて自分は密教僧であると伝え、当地にやって来た理由を説明し、密教と仏像について意見を交わしました。

当博物館も撮影は禁止でした。館長はわざわざ館内を案内して説明してくれました。案内の途中、一つの彫刻に限り二枚だけ撮影許可を与えてくれたのです。さらに驚いたのは、館長の方から舎利を見せましょうと言ってくれたことです。職員二名と銃を持った警察官二名が部屋に入ってきました。いかに舎利を大切にしているかが理解できました。

五つの水晶の容器が並べられました。はじめの容器には、舎利一片と金で作られた葉一枚が入れられておりました。小さな金の葉は葉脈まで彫られており、菩提樹の葉のように思われました。二つ目の器には、少し青味を帯びた透明な石二粒と金の葉一枚が入っていました。三つ目の器には金の葉一枚のみ、四つ目には銀の葉一枚、五つ目には真珠二個と金の葉一枚が入っていました。これらの舎利器は、大塔南門から少し塔の中に入った所で発見されたとのことです。

密教と関係の深い南インドの両博物館での思いがけない舎利の拝見は、貴重でかつ不思議な体験でした。こちらが望んでいたわけではなく、両館長の方からの呈示でした。ただ言えることは、それこそ熱意でもって訴えただけです。この熱意が伝わったのではないかと思います。しかもこの熱意は、求法《ぐほう》から出た法のための熱意であったということです。法縁の不可思議さに感謝せざるを得ません。

（平成十年二月）

（一）　舎利　遺骨・身骨のこと。

自力をこえて

人として生きていくためには、自我の形成はとても大切なことです。自我がしっかりと確立されることによって、人格を向上させよう、知識を学ぼう、仕事に打ち込もう、あるいは仏道を修めよう、などの意欲が出てくるものだからです。

また、この自我の確立によって、なにごとも自己の力でなしとげようという意識も出てきます。すなわち、自力《じりき》の心です。われわれは自力で学び、自力で考え、自力で働き、ものごとはすべて自力で解決できると普通とらえています。

私は二十四年前の出家以来、真言宗で修行を続けてきました。真言宗の修行は、自力の形をとっています。手で印を結び、ご真言を唱え、心を集中統一させる方法は自力です。自己の力で仏道を行じるわけですから、自力そのものと考えていました。

浄土宗や浄土真宗などの浄土門以外の宗派、たとえば天台宗、禅宗や真言宗などは浄土門に対して聖道門《しょうどうもん》とよばれています。聖道門は自力の修行で悟りを目ざす道のことです。聖道門の修行は厳しいというイメージがあります。確かに宗派によって伝統的に苦行もありますので、厳しさは否定できません。このことから、自力の修行は厳しいというとらえ方が定着したのかもしれません。

私は特にここ三、四ヵ月前から、自力そのものに疑いをもつようになってきました。自力は本来無いのではないか、自力の修行としているがそれは錯覚であり、他力ではないのかということです。厳密にいえば、二年前の歓喜の宗教体験からですが。

自力には、我執のはたらきが常にあります。私が真言を唱える、私が冥想する、私が苦行をするなどの自力はすべて迷い、虚仮《こけ》の世界といえます。「私が」には我執がはたらいており、この我執のはたらきがある限り迷いの中にいるのです。なぜかといえば、我執は意識を濁らせて煩悩をつくり出すからです。この煩悩によって迷わされてしまうのです。

親鸞聖人は『正像末浄土和讃』で、自力は迷いであると明言しています。

「自力で修行する人は皆
如来の不思議なはたらきを疑っているので
自業自得《じごうじとく》の結果として

迷いの世界に入ってしまう」

親鸞聖人のこの教えの通りだと思います。しかし、だからといって自力が駄目であるということではありません。他力の境地に入るためには、自力はとても大切な段階です。自力に徹して自力をこえることによって、他力に入れるからです。自力を体験せずに、いきなり他力に入ることは困難なことだと思われます。

自力をこえた他力の世界に入れば、如来の不可思議なはたらきに気づくことができます。仏道の世界では自力をこえた体験が可能ですが、直接仏道修行をしなくても、自力をこえた体験をされている人がいます。

その一人は、京都在住の写真家井上隆雄氏です。京都の古寺の写真集の中の『高桐院』を拝見したとき、私は深い感動を覚えました。その感動をひとことで言いますと、全体と個の関係を感じたということです。つまり、全の中に個があり、個の中に全があると直観しました。

後日、井上隆雄氏にお会いすることができ、話をうかがいました。やはりそうでした。私は写真集を見て、井上隆雄氏が無我の境地を体験されているのではないかと思っていました。

「自然の中に入って写真を撮っているとき、自然の方から今シャッターを切れと教えられることがある。そういったときの写真は自身をこえた何かが画面に与えられているようだ」

との体験を聞くことができました。

自力でシャッターを切っているのではなく、自力をこえた無我の心境になって写真を撮られていたと推測できます。無我の心境は、あるがままの心です。あるがままの心で撮れば、あるがままに撮れるわけです。これが自然《じねん》ということでしょう。無我は我のはたらきが消えており、自力をこえているので他力といえます。

井上隆雄氏の「人間の美意識は、本来あるものを発見するだけである」との心境は、自力をこえた他力の体験がないと出ない言葉です。私は、井上隆雄氏は写真撮影を通して仏道を歩まれていると思っています。

もう一人は、赤松麟作画伯です。親鸞の研究者であり求道者でもあった金子大栄師と、赤松画伯が箱根で語り合っていたとき、初夏の青草を見て赤松画伯が次のように話されました。

「素人は青草を画くには青い絵具でなくてはならぬと思うている。それは青を見て青さを見ないからである。されどその青さを画こうとするものには、墨絵でなくてはならないものがある」

この赤松画伯の言葉に、金子大栄師は感銘を受けられました。

「そのさこそ如《にょ》である。そのさは色にのみあるのではない。すべての見るものにも聞くものにもある。そしてそのさこそ、ものみなの実相であり、真如である」

と気づかれました。

赤松画伯の言葉を私なりに解釈したいと思います。素人は、草が青く見えるから青い絵具を使おうとしますが、このことは分別《ふんべつ》(一)であり、青い色にとらわれているからだということです。

青さとは、青い草の真実の相、ありのままのすがたをいいます。この私が青い草を見るのではなく、青い草の方からありのままのすがたを見せてくれるのです。青い草の方からのはたらきがあり、それにしたがうだけということです。つまり、私が画くのではなく、草によって画かされるわけです。草のありのままのすがたに気づかされると、墨で画いても不思議ではありません。そこには、すでに色へのとらわれは消えております。

赤松画伯の言葉は、井上隆雄氏と同じように無我の境地の体験から出たものと思っています。お二人は直接仏道修行をしなくても、それぞれの道に徹することによって自力をこえた体験をされたわけです。

自力は、迷いの世界です。自力には、常に我執がはたらいているからです。迷いが生じてくるのは当然のことです。仏道修行で迷うことも、自力の修行だからです。

だが、自力をこえた世界があります。自力をこえた体験の世界は夢のような世界ではなく、現実の世界としてその中に身をおくことができるのです。

自力をこえることによって、迷いを離れることができます。自力をこえた体験の世界を目ざすことは、正しい仏道そのものといえます。

（平成十年九月）

（一）　分別　ものごとを言葉や概念によって思惟し、区別し、分析し、識別する心のはたらき。相対的に認識するから正しいありのままの認識ではない。分別の反対は、分別から離れた無分別《むふんべつ》である。

自己をたよりとする

ある日、中年の男性の訪問を受けました。仏道に関する質問に答えていましたが、最後に、その男性は「何をたよりにして生きていけばいいのか分からない」と迷いの表情で言われました。

日本人は、戦後の五十年間経済発展を重視してきました。その恩恵により、モノはあふれ、日常生活は豊かに便利になってきました。人は豊かさに慣れてしまうと、豊かさを当然視して麻痺してしまう傾向があります。そして、さらなる豊かさを求めるようになります。つまり、欲望の拡大です。仏教の表現をすれば、煩悩の熾《し》盛《じょう》といえます。

人間の欲望は、際限がありません。そのうち、人は煩悩をコントロールできなくなってしまいました。

自己の煩悩をコントロールできない人間が多数になると、社会に煩悩がはびこり、心の荒廃が起こり、道徳が乱れ、犯罪が増え、社会の秩序が歪んでくるのは当然のことだと思います。日本全体がおかしくなって、きしんでいるようです。

今まで物質的な豊かさをよりどころとしてきましたが、バブル経済が破綻し、阪神大震災が起こり、物質的な豊かさは必ずしも人を幸福にするとは限らない、ということに気づいた人々が多く出るようになりました。

ところが、何をよりどころにすればいいのかとなると、自分で見つけることが難しくなっているのです。モノの追求に比重を置きすぎたために、心の面が疎《おろそ》かになってしまった結果ともいえます。すぐに切りかえることは、容易ではありません。

このようなことを日頃考えていたので、この男性の漏らした言葉に頷《うなず》くことができたのでした。

現代は、ある種の絶望的な時代ですが、過去にも絶望的な時代が幾度かありました。そのような時代に生きぬいた仏教者がいました。例えば、親鸞聖人は、人間の内面の絶望性を見つめ、絶望的な時代に生きているとの自覚がありました。

親鸞の教えを広めた蓮如《れんにょ》が生きていた時代に、「寛正の大飢饉」がありました。正月から二月までの二ヵ月間で、京都での餓死者が八万人以上に達したとされています。そのため春から夏にかけて、河原を埋めた死体はすさまじい異臭を放ち、洪水で死体が下流に押し流されたので悪臭から解放されたといいます。地方の農村はさらに悲惨で、人が人を喰うといったことは珍しくなかったようです。民衆には、絶望の時代でした。このような時代に、蓮如は民衆救済のために布教活動を展開したわけです。

また、真盛《しんぜい》という僧侶が、絶望している信徒に自殺を許したところ、競って死んでいったので、自殺を禁じたということです。

こんな世相の中、人々は迷信や占い、怪しげな祈祷に熱心であったといいます。希望のない、先が見えない社会、絶望的な人生に当面すると、人々は神秘的・超自然的な力にたよろうとする傾向にあるようです。現代の世相も同じような風潮にあると思われます。迷信や俗信、占い、怪しげな祈祷にたよろうとする人々が多勢います。また、オカルト(一)に惹きつけられる人々もいます。冥界や霊魂との交信、超能力やオカルト映画などが共感を呼んでいます。詐欺的宗教やカルト宗教(二)も増えております。

先が見えない時代、不安定な時代に、何にもたよらずに生きていける人は少ないと思われます。このような時代だからこそ、宗教にたよる人は多いのです。しかし、宗教にたよっても、宗教の質を見誤ったり、たより方を間違うと、逆に迷いや苦悩になってしまいます。

カルト宗教は、教祖を絶対視しています。人は真理を完全に体現できないし、また真理を完全に伝えることはできません。真理には相がなく、言葉で説くことはできないのです。教祖が、「私は真理を完全に体現しており、神仏の生まれかわりである」といえば、そのことは嘘であり、その宗教はカルト宗教といえます。

信は人への信ではなく、真理への信でなくてはならないと思います。人を信頼しても、絶対者として信じることは危険です。

日本は豊かな国になり、食は充ち足りています。また、性が自由になって神秘性もなくなり、社会道徳が混乱して、財欲をはじめとして欲望が貪りの欲となってしまいました。宗教や思想も衰退の一途をたどるようになっています。人間として生きる指針となる精神上の柱が弱くなってしまったといえます。そのため、ものごとの本質を見ようとする力は弱くなり、眼の前のものしか見ないという傾向が強くなってきました。ものごとへの深い洞察力が損われつつあるとしかいえません。

このような状況の中、多くの人々は、いつのまにか自己を見失ってしまいました。自己を見つめることを停止してしまったように思えます。そのことは、自己以外のものに心を向け続けた結果ともいえます。「何をたよりにして生きていけばいいのか分からない」との迷いが出てくるのは、自明のことであって、不思議ではありません。

結論からいえば、「自己をたよりにする」ことしかないと私は考えています。

『大パリニッバーナ経』には、ブッダが王舎城《おうしゃじょう》から最後となる旅に出発して、クシナガラで入滅されるまでの情況が精しく記されています。同経によると、途中のベールヴァ村でブッダは、愛弟子《まなでし》のアーナンダに次のように説かれています。

「この世で自らを島とし、自らをたよりとして、他人をたよりとせず、ダンマを島とし、ダンマをよりどころとして、他のものをよりどころとしないように」

ブッダは、

「自らをたよりとして、他人をたよりにしてはいけない。

ダンマをよりどころとして、他のものをよりどころとしてはいけない」

と自己とダンマに心を向けることの重要性を示されています。

ダンマとは、形のない永遠のいのちです。ブッダにダンマが顕わになったことが、ブッダの開悟とされています。ブッダのこの言葉は、何をたよりにして生きていいのか分からないと迷っている人々の指針になる教えだと思います。

俗信やオカルト、詐欺的な宗教やカルト宗教などにたよろうとしないで、自己を冷静に見つめることが大切です。これらの事象や宗教は、迷いの心、妄想がつくり出した虚妄《こもう》といえるものです。また、自己を正しく見つめて仏道を歩んだり、仏教を学ぶことにとって意味がありません。

自己を信じることなく、自己以外の虚妄なるものをたよりにすれば、やがて苦悩になってしまいます。自己を粗末にしてはいけないと思います。自己の心をしっかりと見つめ、自己をたよりとしなければならないということです。

私は、このようなことをその男性に話し、「そのためには呼吸を調え、心を静めることが大切です」と伝えたわけです。

（平成十二年一月）

（一）　オカルト　通常の思考や経験では把握できない未知の諸現象を探求し、信じること。オカルトという言葉は十六世紀前半から現れはじめたとされる。

（二）　カルト宗教　ある特定の人物や事物を狂信的に崇拝する邪教的宗教のこと。一九七八年にアメリカで、ジム・ジョーンズのひきいる「人民寺院」の九百余人の集団自殺があり、世界中に大きな衝撃を与えた。

心を静める

人は苦悩を抱えたままで一生を終えるか、苦悩から離れて一生を終えるかのどちらかです。ほとんどの人は、苦悩を抱えたまま苦悩の源をさぐろうとせず、苦悩から脱する努力をせずに一生を終えているのではないかと思います。

人の生涯には、実に多くの起伏があります。喜びや楽しみがあり、悲しみもあり、迷いや苦悩もあります。

人の心は、不安定で動揺しやすいものです。嫌なことが起こると、色々考えてしまいます。いくら考えても、起こったことがひっくり返ることはないのに考えてしまいます。それも悪い方に考えがちです。ますます自分を苦しめる結果になるわけです。

また、自分に対する人のうわさが耳に入ってくると、うわさの内容にとらわれ、自己を守ろうとして、うわさの相手に憎しみの心が涌いてきます。しかし、うわさが人から人に伝わる途中に、内容が変わっていることがほとんどです。うわさの結果は、もうすでにどうすることもできないのです。

嫌な人と顔を合わすことは苦痛です。こちらが相手を嫌っていると、こちらの態度から相手も気づき、こちらを嫌うようになります。お互いに嫌うのですから、仲良くなるのは難しくなります。

人は自分が一番可愛いものだから、健康に関心をもちます。少しでも変調に気づくと、不安になり、心配をします。それも不思議と悪い方に考えてしまうようです。

ある人が肝臓を患い、思うように治らないので、もしかしたら肝臓ガンではないかと疑ってしまいました。医師に質《ただ》せばよかったのに、悪い方に妄想して、肝臓ガンに違いないと断定してしまいました。もう治る見込みはない、生きていて苦しむよりは死んだ方がよいと判断して自殺してしまいました。事実は、肝臓ガンではなかったのです。

経済企画庁が一九九九年に「国民生活選好度調査」を行っていますが、それによりますと、「暮らしは良い方向に向かっているか」との問いに約八割の人は否定しており、老後の生活にも八割強の人が不安を持っているようです。人の心が暗くなるのは当然ともいえます。日本の将来への不安から、心が暗くなるだけではありません。自分にとって都合が良くて満足していても、不都合になるとすぐに不満になり、心が暗くなってしまいます。逆に、都合良くものごとが運ぶと心が明るくなります。だけど、明るい心の中で、このことはいつまでも続かないだろうとの不安も芽生えているのです。心は、常に不安の中で揺れ動いているともいえます。

立腹すること、すなわち怒りは、仏教では三毒の一つにあげられている根本的な煩悩です。腹を立てて良い結果になることはありません。『雑阿含経《ぞうあごんきょう》』に次のような話がありました。

ブッダがサーヴァッティの東にある精舎《しょうじゃ》に滞在していたときのことです。街に入り、托鉢をしていたとき、バーラドヴァージャというバラモンが、ブッダを見て悪口を言い、怒り、ののしりました。さらに土をつかんで、ブッダに投げつけました。ところが、逆風があったため、逆にバラモンは土をかぶってしまいました。

そのとき、ブッダは言われました。

「もし人が、怒りや怨みがないのに
その人をののしり、はずかしめても
その人の清浄さは、汚れることはない。

その悪は、自らに帰ってくる。

土をその人に投げたように
風に逆らって自らを汚すようなものである」

この言葉を聞いて、バラモンはブッダに、

「悔いております。世尊の面前で悪口を言い、怒り、ののしったことは全く愚かでした」

と詫びました。

バラモンは、ブッダのこの教えを聞いて、喜んで去って行ったとのことです。

また、昔、インドに非常に気が早くて、怒りっぽい男がいました。その男の家の前で、二人の人がこのうわさをしていました。「ここの人は大変良い人だが、気が早いのと怒りっぽいのが病気である」と。その男は、この話を聞いてすぐに家をとび出して、二人に襲いかかり、打つ、蹴る、殴るの乱暴をはたらいて、傷つけてしまったということです。

これら二つの例話から分かりますように、反省できる人と、できない人がいるのです。前者は、過ちを指摘されると、自ら冷静に反省し過ちを正そうとしていますが、後者は、指摘されると、改めるどころか逆に他人を怨み、怒りとなり、さらに過ちを重ねております。反省できない人は、新たな苦悩を抱え込むことになってしまいます。

また、欲望に負けて、身を破滅させる人もいます。現代は、性道徳が乱れ、欲望を増長させる産業が盛んになっています。また、人々の欲望への自制が弱くなっているように思えます。ブッダは、『スッタニパータ』で次のように説かれています。

「女に溺《おぼ》れ、酒にひたり、賭博に耽《ふけ》り、得るにしたがって得たものをその度ごとに失う人がいる。これは破滅への門である」

この教えは、現代の日本でも当てはまることです。異性に溺れ、薬物やアルコールに犯され、賭事などで家庭を崩壊させている人々が何と多いことでしょうか。

さらに、自分の思い通りにならないとして投げやりな態度をとったり、人を怨んで暴力をふるう人々がいます。自己中心的な行為が原因で、他人からひんしゅくを買っても、そのことに気づかずに信頼をなくしてしまう人々もいます。

また、我が強く、心を閉ざして人と交わることがないために、孤独となり、対人関係がうまくいかない人々もいます。

以上、いくつかの苦悩を例としてあげましたが、他にも実に多くの苦悩があるはずです。現実に苦悩を受けても、受けたままで苦悩に気づかない人、気づこうとしない人がいます。

人は、苦悩に当面しないと救いを求めようとはしません。苦悩に身を置いて救われたいとの思いが出てきて、初めて仏教に触れる機会をもつ人がいます。そのことが問題にならない人には、仏教は生きた問題にならないし、仏教が生かされないと思います。

迷い、苦しみを受けたとき、多くの人々は自己の外に救いを見い出そうとします。人に相談したり、様々な教えに解決の糸口をつかもうとします。これで解決できたと思っても、本当の解決にはならないものです。月日がたてば同じように迷い、苦しみとなってきます。

自己以外に求めても、あくまでも仮の解決であり、一時的な解決にしかすぎません。しかし、仮の解決であっても、その時点での迷い、苦悩から逃れることができたので、可としなければなりませんが、これで満足していては駄目だと思います。

迷い・苦悩は、自己の問題です。自己の内側から出てきたものであり、その根源は意識の深いところにあります。自己以外に解決を求めても限界があるのは、このような理由によるのです。

それでは迷い・苦悩に直面したとき、具体的にどのようにすれば良いのでしょうか。

それは、心を静めることです。

人には常に我がはたらいており、ものごとにとらわれています。このことはどのような人にも当てはまることであり、迷い・苦悩の原因となっています。この原因は、前述したように、意識の深いところに由来しております。そのため、この意識に転回が起こらなければ、どうしようもないわけです。

心を静めるとは、自己の心を見つめることです。心を静めて自己を見つめることは、迷い・苦悩の根源である意識を目覚めさせることであり、同時に真如・ダンマ・如来に心をおくことでもあります。

この意識に転回が起こることは、真如・ダンマ・如来が顕わになることです。こちらが意識して転回させるのではなく、心を静めることにより、自ずとそうなっていくわけです。このことが、救いになっていくのです。

それでは心を静めるために、どのような実践をすれば良いのでしょうか。私は、呼吸を調える冥想法が最も善いと考えています。この考えは、私の体験から出たものです。

呼吸は、誰でも行っています。無意識のうちに呼吸をしております。その無意識に行っている呼吸を、少し意識して呼吸するだけで良いのです。正しい呼吸によって心を静めることは、最も自然で単純化された方法だと思います。

心を静めることにより、心が調えられて、落着いてきます。身心が、軽安になってきます。このことは、はっきりと自覚できることです。静めることを続けていると、ものごとの本質が分かってくるので、迷い・苦悩を冷静にとらえることができます。そのため、迷い・苦悩の原因を知ることができるのです。

例えば、欲望によって苦悩することがあります。このことに関して、ブッダは『スッタニパータ』で、次のように説かれています。

「諸々の欲望がかれにうち勝ち、危難がかれを踏みにじる。それ故に苦しみがかれにつき従う。あたかも壊《やぶ》れた舟に水が侵入するように」

「それ故に、人は常に正しい念《おも》いをたもって、諸々の欲望を回避せよ。船のあかを汲み出すように、それらの欲望を捨て去って、流れを渡り、彼岸に達した者となれ」

「正しい念いをたもって」とは、心を静めることによって可能となります。理性によってたもつという分別の意味ではありません。心を静めることにより、欲望から離れることをブッダは説かれているのです。

実に多くの人々が迷い、苦悩し、また苦悩に気づくことなく、気づいてもどうすれば良いのか分らずに過ごしています。

是非、心を静める冥想を実践して欲しいものです。

（平成十二年二月）

正しく見ること

「一水四見《いっすいしけん》」という教えが唯識《ゆいしき》思想にあります。同じ水を見ても天人は瑠璃《るり》で飾った池と見、人は水と見る。餓鬼《がき》は膿血と見、魚は住《す》み処《か》と見る、と説いています。同じ対象を見ても、見る者の心のはたらきによって異なった見方をしてしまうとの教えです。つまり、心の状態によってものごとの真実をありのまま見ることができるのかどうかということです。

ありのまま見るという言葉は簡単ですが、実際にありのまま見ることは容易ではありません。ありのまま見れないところから苦悩となります。そのため、まず自己の心を正しく見ようとする努力が求められます。

ブッダが祇園精舎《ぎおんしょうじゃ》に滞在していたときのことです。『相応部経典』によりますと、サンガーラバという一人のバラモンが、ブッダに次のような質問をしております。

「世尊よ。わたしは、あるときは、長い間学んできた真実の教えを弁じることができないということがあります。また、あるときには、学んでいない真実の教えを弁じることができるということがあります。このことは、一体どういうことなのでしょうか」

ブッダは、「鉢に入れた水」の喩えで次のように説かれました。

「もし、鉢の水が赤や黄や青色に濁っているとしたら、そこに自分の顔を写しても、ありのままに見ることはできない。それと同じように、人の心が欲の貪りにまとわれているときには、なにごともありのまま見ることはできない。

また、もし、鉢の水が火にかけられて沸騰しているとしたらどうであろうか。やはり、そこに顔を写してありのまま見ることはできまい。それと同じように、人の心が怒りにかきたてられているときには、なにごともありのままに見ることはできない。

また、鉢が苔草で覆われているとしたらどうであろうか。いくらそこに顔を写そうとしても、ありのままの顔を写してみることはできないであろう。それと同じように、人の心が沈んで落ち着かないときには、ものごとをありのままに見ることはできないのである。

バラモンよ。それに反して、水が濁っておらず、沸騰しておらず、苔草に覆われていないときには、いつでもそこに自分の顔を写して、ありのままに見ることができる。それと同じように、人の心もまた、欲の貪りにまとわれていないとき、怒りに沸きたっていないとき、沈んでおらず、落ち着いているときには、ありのままに正しく見ることができる」

ここでブッダは、貪りの欲、怒り、心が沈んで落ち着かないという煩悩に支配されているときには、ものごとをありのまま見ることはできないと断言されています。

つまり、煩悩に支配されているときには、ものごとをありのまま見ることはできないが、煩悩のはたらきを受けていないときには、ありのまま見ることができると説かれているのです。

ブッダのこの説法は、自己の心を正しく見る、自己の煩悩をしっかりと見なさいとの教えでもあります。自己の煩悩が見れるのは、すでに煩悩に気づいていることです。煩悩に気づいていないから、煩悩の支配を受けるわけです。

また、自己の心を正しく見ると共に、自己以外のものごとを正しく見ることも大切です。ものごとを見ようとするとき、結果をよく予測し、正しく判断することが重要です。

電車に乗っていたときのことです。ある駅について電車のドアが開いたとき、「降りる方が先だろう」との男性の怒鳴り声が聞こえてきました。声の方を見やると、きまりが悪そうな顔をした中年の女性が乗車してきて、空いている席に座って、恥かしそうにうつむきました。短い間のできごとでしたが、ことのなりゆきが理解できました。

電車がホームに入ってきたとき、その女性は空いている席を見つけ、座りたい一心で、乗客が降りた後に乗車するというルールを無視して、まだ乗客が降りていないのに無理矢理乗ろうとして、降りようとした男性に怒鳴られたのです。

この女性は、空いている席に座りたいという欲のために、降りる人のあとに乗るとの子供でも実行しているルールが守れなかったわけです。その結果、衆人の中で怒鳴られて恥かしい思いをしたのです。つまり、自己中心性の強い欲、いわゆる煩悩に支配されてしまったために、社会の道理が見えなくなったものといえます。

この女性は、降りる人のあとに乗るという常識をもっているはずです。もし満員であれば、彼女はルールに従ったと思われます。空席が一つ残っていたという縁で、煩悩が起こったわけです。このように煩悩は、縁によって生じてきます。彼女は煩悩に負けて、判断を誤ったのです。自己の煩悩に気づかなかったともいえます。

また、『正法眼蔵』で、道元禅師は次のように説いています。

「愚か者は、他人の利益《りやく》を先にすれば、自分の利益は除かれると思うかも知れない。しかし、事実はそうではないのである。利行《りぎょう》は、自利も利他も一つになった法なのである。

したがって、あまねく自分も他人も利益するのである」

愚かな者は、先に相手が利益を得ると、自分は損をするのではないかと考えるものであるが、そうではないと道元は言っています。利行とは、人々の利益になるように尽くすことですが、このことは自利と利他が一つになったものであり、自分も他人も利することができると明言しているのです。つまり、他人を利することは、自分を利することであると言っているわけです。

普通、他人の利益より、自分の利益を優先するものです。それは、道元がいうように、自分が損をしないかと疑うからです。疑いは煩悩です。このことは、誤った見方であるというのです。自分が損をしたくないという前提で見ているからです。このような疑いを離れて、他人のことを思いやり、先に他人の利益となるようにしてあげれば、損することなく自分も利益を得ることができるのだと説いているのです。

以上の例話から、煩悩に支配されていると、ものごとの判断を誤り、正しく見ることができないということが分かりました。

冒頭、ありのまま見ることは容易ではないと述べました。そのため、自己の心を正しく見ようとする努力が大切であると言いました。自己の心を正しく見ようとする努力により、自己が熟してきます。ただし、正しく見ようとする努力は、自己の全人格を静めるという実践を伴わなければなりません。冥想は、そのための有力な手段です。その結果、自己が熟してくることにより、正しく見ることができるようになるのです。

自心を正しく見れることは、煩悩を見ることであり、煩悩の支配を離れていることでもあります。そのため、ものごとをありのまま見ることができ、ものごとを正しく見ることができるのです。

以前、八千枚護摩《はっせんまいごま》の前行《ぜんぎょう》を行じていたとき、次のような体験がありました。早朝に入堂して護摩を修した後、護摩堂の戸を開けたときのことです。木の上で鳥が数羽跳ねていました。それを見たとき、如来のいのちの輝きだと実感しました。木々の緑の葉を見たとき、葉が生き生きと呼吸をしていると実感しました。と同時に全人格が歓喜となり、とめどもなく涙があふれ出てきました。

この後、今まで木の葉を見ていましたが、ありのままの葉を見ていなかったのではないのかとの思いをもちました。木の葉が生き生きと呼吸をしていると実感できたのは、そのとき無我になっていたからだと指摘されたことがあります。無我は我のはたらきを離れていることであり、煩悩の支配を受けていないということです。つまり、煩悩の支配を離れたので、正しく見ることができたというわけです。

無我は、如来のはたらきです。自己の力で無我を体験することはできません。自己が熟してくることにより、如来のはたらきが現れ、無我になれるのであり、ものごとを正しく見ることができるのです。

正しく見ることについて、『相応部経典』にブッダの説法があります。ガンジス河に大きな木が流れていて、その木を見ながら修行者たちに説いている場面です。要約しますと、次のようになります。

「もしあの木がこの岸にも流れ着かず、かの岸にも流れ着かず、あるいは沈まず、陸にも打ち上げられず、人に取られず、渦巻きにも巻き込まれず、腐ることもなかったら、丸太はそのまま海に向かい、海に入るであろう。それはなぜなのか。それはガンジス河の流れは海に向かい、海に入っているからである。

これと同じように、お前たちがこの岸にも着かず、かの岸にも着かず、あるいは沈まず、陸にも打ち上げられず、人にも取られず、渦巻きにも巻き込まれず、腐ることもなかったら、お前たちはそのようにして涅槃《ねはん》(一)に向かい、涅槃に入るであろう。それはなぜなのか。修行者たちよ、正しく見ることにより涅槃に向かい、涅槃に入ることができるからである」

後半の「この岸にも着かず、かの岸にも着かず、あるいは沈まず、陸にも打ち上げられず、人にも取られず、渦巻きにも巻き込まれず、腐ることもなかったら」とは、煩悩の支配を受けないことを表しています。ここでブッダが言われている「正しく見る」とは、煩悩の支配を離れることによって可能になるということです。このことは、前述した「煩悩を離れることにより、ものごとをありのまま見ることができ、ものごとを正しく見ることができる」ことと一致します。

自己を正しく見ることは、ものごとをありのまま見ることであり、正しく見ることです。また、この実践は、仏道の重要な歩みといえます。

（平成十三年六月）

（一）　涅槃　煩悩を火にたとえ、その火が吹き消された安らぎの境地をいう。

第三章●救いの風景

共に救われたい

私は仏門に入って以来二十四年間、自分なりに仏道を歩んできました。身体を何度も痛めつけて修行を重ねてきました。そして、身体を痛めつける修行は駄目であると二十一年目に気づきました。二十二年目に歓喜の宗教体験をさせていただきました。

この後、私の内部で変化が起きてきました。私が誰かに影響を受けて変わってきたということではありません。何かの書物を読んで影響を受けたということでもありません。私の内部から自ずと変わってきたのです。このことは、はっきりとうなずくことができます。それまで、特に注意を払うことなく読んでいた仏伝のある箇所が頭に浮かんできました。

ブッダが六年間の苦行の後、菩提樹の下で冥想に入り、明星のきらめくころ開悟されたとあります。それから七日毎に場所を変えて冥想を修し、第五週目にアジャパーラ榕樹《ようじゅ》のもとに坐したとき、

「世の人々は欲の楽しみにのみ耽っている。私の悟った法を説いても、人々は理解できないだろう。私はただ疲労するだけであろう」

とこのように考えられて、法を説こうとされなかったとあります。

ブッダの心を知った梵天は、

「この世が亡びる。この世が壊れる」

と嘆き、梵天の世界からブッダの前に出てきました。そして、ブッダに、

「何とぞ法をお説き下さい。世の中には、生まれつき汚《けが》れの少ない人々がおります。もし彼らが法を聞かなかったならば退歩してしまいますが、聞けば真理を悟る者となりましょう」

と懇願したとあります。

この後、ブッダは法を説くことを決意されたわけです。梵天に懇願されたから法を説く決心をされたとありますが、これは一種の表現でして、実際はもっと宗教的であったと考えられます。つまり、ブッダの内側から人々に説かずにはおれないという心、欲望に支配されている人々に対する憐れみの心が自ずと涌いてきたものと推測されます。

慈悲の行為はあっても、慈悲の心から出たものかどうかは分かりません。ブッダのよう

に悟りを得て、我のはたらきから離れた状態にならないと本当の慈悲心とはならないと思います。

今までにブッダの生涯が説かれている仏伝を読んでいましたが、この梵天の懇願に特に注目することはありませんでした。歓喜の宗教体験の後、私自身に変化がおきて、このことに注目するようになったわけです。

私が変わってきたというのは、「共に救われたい」との願いが出てきたということです。仏門に入ってから二十四年間行じてきましたが、どちらかといえば自分のための修行でした。自利《じり》の修行でした。ところが、二十四年目にして利他《りた》の心が内側から出てきたわけです。自利は自分を利することであり、利他は人々を利することです。自利には常に我のはたらきがあります。

たとえば、自分に利益になるようにとか、自分だけが救われれば良いというように、常に自己を利するという我がはたらいています。ところが、宗教体験の後、「自分だけ救われただけでは駄目である。人々と共に救われたい」との願いが出てきたのです。

救われたいとは、苦悩から救われてやすらぎの心になりたいということです。人は、生きている限り苦悩するものです。苦悩は、次から次へと出てきます。現代は、特に生きることがつらい世の中になっています。

人々は何等かの形で救いを求めていますが、その求め方が問題です。多くの人々は苦悩の根元に目をこらそうとせずに、自己以外のものに救いを求めようとしています。しかも、速効性のありそうなものを期待しています。このような人々のために、網を張って待ち受けている宗教団体もあります。

速効性のある救いなどありません。このことをしっかりと頭に入れておく必要があります。苦悩するのは自分であり、他人ではありません。そのため、自己の内側を見つめる必要があります。自己にこそ心を向けなければなりません。

苦悩の中で自己の内を見つめることは、苦しいことだと思います。しかし、苦しくても逃げてはいけません。迷って怪しげな宗教に近づくことは危険です。自己の内を見つめるための第一歩は、正しい教えに接することです。ただ、正しい教えに接しても、接したすべての人が教えを受け入れるとは限りません。正しい教えよりも、よこしまな教えに心を動かされやすいからです。自分にとって都合がよくて利益になり、手軽で深く考えることもない教えだからです。このことは正に、

「善からぬこと、己れのためにならぬことは、なし易い。ためになること、善いことは、

実に極めてなし難い」

と『法句経』にある通りです。

自分に好ましくて手軽であるということだけでは、苦悩の解決にはなりません。また、このことに慣れてしまうと、いつの日にか身を滅ぼしてしまうかもしれません。『中部経典《ちゅうぶきょうてん》』にある次のたとえ話は、参考になるかと思われます。

「つる草の実が夏最後の日に沙羅《しゃら》の樹の根元に落ちた。沙羅の樹に住む樹の神が驚き恐れていると、その樹の神の友達の神々がやってきて慰めた。『友よ、恐れることはない。つる草の種は孔雀に飲まれるか、野鹿に食べられるか、林火に焼かれるか、白蟻に食べられるであろう』。しかし、その種は孔雀に飲まれず、野鹿にも食べられず、林火にも焼かれず、白蟻にも食べられなかった。雨に降られて芽が生え、雨期になって茂って若い柔らかな巻きひげで沙羅の樹に巻きついた。沙羅の樹はその感触に心地よくなり、やたらと恐れるのは愚かなことだだと思った。だが、つたは沙羅の樹に巻きついて太って頂まで覆い隠し、枝を張り、つるをのばし、深い影をつくって沙羅の樹の幹を枯らしてしまった。樹の神はその激痛に眼が覚めたのである」

よこしまな教えや自分に好ましく手軽な教えに満足していると、沙羅の樹の神のような立場に置かれるかもしれません。人が正しい教えを嫌うのは、煩悩による障りです。煩悩のはたらきが、正しい教えを求める心を覆ってしまうのです。

それでは救われるためには、どのような道を歩んでいけば良いのでしょうか。それは前述したように正しい教えに触れ、正しい導きにより、正しい心構えで、正しい道を歩むしかないと私は考えています。

正しいとは、やすらぎの教えであり、やすらぎにつながる導きであり、やすらぎの歩みです。正しいとは何か、を言葉で理解しても意味がありません。正しい仏道を歩んでいる明眼《みょうげん》の人(一)の指導による正しい実践の中で、自ずと全人格的に分かってくるものです。実践の中でしか理解できないものともいえます。

正しい実践を続けることは、自ずと自己の内を見つめることになります。また、自己を見つめていることを意識しなくても、やすらぎに通じる道を歩んでいることになります。なぜこの実践が必要なのかといえば、あることに気づかされるためです。

それは、人は自己の力で自己を救うことはできないし、自己の力で救われたと思っても錯覚であり、如来によってしか救われないということです。このことに気づかされることが正しい実践であり、正しい仏道でもあります。

如来は、常にわれわれにはたらきかけてくれています。救いの手を差しのべてくれているのです。ところが、われわれの方がこのことに気づいていないのです。常に我執がはたらいているので、気づくことができないわけです。つまり、自分の力で救いを手に入れようと努力しても、手に入れることはできないということです。「自分が」という意識がはたらいている間は無理ということです。

如来に包まれ、常に如来のはたらきを受けているのだから、気づくだけで良いのです。厳しい修行をしないと駄目であるとの考えは誤りです。ただし、気づくということは、頭の理解ではありません。全人格的にはっきりとうなずくことです。

私の願いである「共に救われたい」とは、この如来のはたらきに気づかされることをいいます。気づかされるために共に歩んでいこう、これが私のこれからの利他の行なのです。

（平成十年八月）

（一）　明眼　ものごとの道理をよく見通すことのできる力量があること。

女性は成仏できるか

四年程前、精神科の医師、心理学者、心理療法を学んでいる人たちに、密教の行について話をする機会がありました。話が終わったあと、一人の女性から、

「仏教は、女性を差別してきたのではないのか」

との質問がありました。私にとって思いがけない質問でした。

「確かに過去に女性を差別してきたことはあったと思う。しかし、仏教の基本的な考えは男女を平等視している」

と答えたように思います。

私自身、尼僧さんにも男性の僧侶と同じように真言宗の行を指導していましたので、女性を差別しているとの意識はありませんでした。

この質問が記憶としてよみがえってきたのは、江戸時代の禅僧で、新しい禅門を確立し

た盤珪禅師の語録に接しているときでした。

ある女性信者が法話のあと、こっそりと禅師を訪ねて、悩みを打ち明けました。その女性は今は幸福な生活をしているが、ひとつ憂うつな話があるとのことでした。それは、子のない女は死後の安楽を願っても仏になれないと聞かされて、悩んで禅師に相談したというわけです。

この悩みに対する禅師の答えは明快です。

「子のない者が仏になれない、などということは聞いたことがない。子のない者が仏になる証拠には、私どもの祖師ダルマより以後、代々伝えられて私にいたるまで、子を持った者は一人もいない。しかるに、ダルマ大師《だいし》が地獄に落ちられたということは聞いたことがありますか」

「それはたとえお子たちがなくとも、お祖師《そし》さまであり、和尚《おしょう》さまでございますから、どうして地獄へなどお落ちになりましょう。どなたさまも仏さまでございます」

禅師は、次のように女性に尋ねました。

「それならば、子のない女であっても、男女ともに仏心《ぶっしん》がそなわった身体なのだから、死後の成仏を願っても仏になれないということがありますか」

「それは仏になれないということはございませんでしょうが、女の成仏はあり得ないと承って、このことが胸につかえておりました」

そこで禅師は、女性の成仏の例をあげて話しますと、その女性は納得することができたということです。

私はこの語録を読み、女性は成仏できるのか、すなわち悟ることができるのか、との問題を考えてみたいと思いました。

次に、現実の尼僧の立場についてです。仏教界は、圧倒的に男性の僧侶優位の社会です。尼僧の立場には弱いものがあります。建前は平等を謳《うた》っていますが、実際はそうではありません。しかし、修行を制約しているのではありません。同じように門戸が開かれております。中には男性の僧侶より道心堅固《どうしんけんご》な尼僧もいます。

また、男性の僧侶と比較した場合、悟りを求める心の強さ、修行に取り組む姿勢、修行の持続や境地を深めようとする意欲などは、男性の僧侶より劣っているとは言えないと思います。

古くから二十歳以上の修行僧の守るべき戒《かい》は、男性の修行僧のそれは二百五十戒、女性の修行僧は三百四十八戒と定められています。同じ条件で修行するにしても、戒の数はこのように差があるのです。女性の成仏は、それだけ難しいのでしょうか。

まず、ブッダは女性の成仏をどのようにみていたのかということが問題となります。

ブッダは父親の容体の悪化を聞き、故郷のカピラヴァットゥに帰ることがありました。父親が亡くなり、しばらくの間ニグローダの園に滞在していたとき、ブッダの養母であったマハーパジャパティがやって来て、ブッダに懇願しました。

「世尊《せそん》よ、女性も出家できるようお許し願います」

しかし、ブッダは許可されませんでした。三度願いましたが、許可はありませんでした。

ブッダは生まれ故郷を去って、ヴァイシャーリーに帰りました。

ある日、マハーパジャパティは他の釈迦族の女性たちと共にヴァイシャーリーに向かって旅立ち、ブッダの住している戸口に立ちました。このことを知ったアーナンダは哀れに思い、ブッダの許に行って、女性の出家を許すようたのみました。

三度許可を求めましたが、三度とも許されませんでした。アーナンダはブッダに、

「世尊よ、もし女性が教えにしたがって修行すれば、悟りを開くことができるでしょうか」

と尋ねました。

「アーナンダよ。それは汝の言うように、悟りを開くことができるであろう」

その後、ブッダは八つの条件をつけて、女性の出家を許可いたします。こうしてマハーパジャパティは、最初の女性出家者となりました。

ブッダは、正しい修行をすれば女性も悟りに達することができると明言されているのです。

次に、『法華経』には、娑竭羅《しゃから》竜王の娘である八歳の竜女《りゅうにょ》の成仏が説かれております。竜女はわずか八歳ですが、すばらしい智慧をそなえており、様々な教えを理解していて、深い禅定の境地に達しておりました。悟りを求める求道《ぐどう》の心は強く、決して退くことはないという強い信念をもっていました。そして、衆生への慈しみの思いは、母親が赤子を見るような心と同じ思いでした。性格は志意和雅《しいわげ》であった、つまり心が穏やかであったということです。

このように、悟りを得ることのできる資質をもっている竜女に舎利弗《しゃりほつ》は語りました。

「娘よ。そなたが悟りを達成しようと志し、努力し、すばらしい智慧をもっていても、この上ない悟りを得ることはできない。それは、女性は穢れており、仏法を受け継ぐ器ではないからだ。無限といって良い程の永い年月修行して悟れるものである。短い修行期間

る可能性、仏に成れる可能性、いわゆる仏性があります。人は、仏性を平等に持っております。仏性に男女の区別などありません。いかに正しい教えに縁ができ、正しい導きで、正しい仏道をたゆむことなく続けていくかということです。

（平成九年九月）

（一）　無垢世界　『法華経』「提婆達多品」に説かれている竜女の成仏した世界。

（二）　四衆　比丘《びく》・比丘尼《びくに》・優婆塞《うばそく》・優婆夷《うばい》の四種類の仏教徒をいう。

私の懺悔

現在私には、仏教の正しい教えを伝えたいとの思いが生じています。このことは思いつきで出てきたのではありません。いつのまにか自然に生まれてきました。

大乗仏教には、菩薩の道が説かれています。菩薩とは自ら悟りを求めて修行に励み、人々を悟りに導くための教化に努める人をいいます。菩薩の教えがあるから、教えにしたがって実践するという人がいます。しかし、それは自分の中から自ずと出てきたものではないので、自分の問題になり得ないと思われます。形だけで終わってしまう恐れがあります。

故・マザーテレサは、インドのカルカッタで、人間扱いをされていない不幸で貧しい人生の最後を迎えている人々に、長年にわたって食物や医薬などの施しをされました。常人にはできない奉仕です。小柄な彼女が徹底してやりとげたのは、彼女の愛の力と強い意志であったことはその通りですが、実は彼女に信仰上の強いはたらきがあったと思われるのです。

というのは、彼女がシスターとしてインドのカルカッタに赴任し、列車に乗っていたときのことです。突如として「最も貧しい人たちに奉仕しなさい」との神の啓示があったといいます。このことが、マザーテレサの奉仕活動の大きな力になったのではないかと私は考えています。単なる思いつきや、他人のまねごと、教えがあるからといってできることではありません。

私は今、反省と懺悔をしております。今まで法話らしきことをしてきましたが、魂が入っていなかったと思っています。魂が入っていなかったとは、好い加減に法話をしてきたということではありません。その時点において、力を尽くしてきました。ところが、私の内側から自然に正しい教えを伝えなければとの思いが涌いてきて、話をしたということではありませんでした。

最近、仏伝文学の燃灯仏授記《ねんとうぶつじゅき》の物語に触れて、心が揺り動かされました。概略すると、次のようになります。

「はるか過去世に、スメーダというバラモンの青年がいた。幼少の頃、両親を亡くし、財産を受け継いだが、親や祖父もあの世に持って行けなかったのだから、財産を所有して何になろうと思った。人生の苦や涅槃について考えた末に、財産を人々に施して、ヒマラヤの山中に入って、修行に励んだ。

　あるとき、ディーパンカラという仏様が町にやってくることになった。スメーダは人々の中に入って仏様を迎える準備に参加した。彼には、ぬかるみの道の補修の仕事が与えられた。スメーダは熱心にその仕事をしたが、間に合わず、仏様がやってきた。そこでスメーダは、ぬかるみに髪の毛を広げのばし、身体を横たえて、その上を仏様に渡ってもらおうとしたのである。身体の上を歩いていかれる仏様を拝んで、スメーダは次のことに気づいた。自分一人だけ救われて何になろう、皆と共に彼岸《ひがん》(一)に行こう、と。

　仏様はスメーダの頭の側に立ち止まり、この青年は将来、ゴータマ・ブッダという仏になるであろうと予言し、保証された」

　私が感動したのは、スメーダの気づいた「自分だけ一人救われて何になろう。皆と共に彼岸に行こう」の箇所です。なぜ感動したのか自問しますと、私の内側から「人々にやすらぎを得ていただきたい」との心が生じてきたからだと思います。

　今まではこのことがありませんでした。ないのに人々に法を説いてきたことへの反省と、懺悔の心が起きてきたということです。

　そして今、ある仏教学者の僧侶に対する批判を思い出しています。昭和五十九年から約三年間、仏教学者や作家、僧侶を含めた有志たちでこれからの仏教の在り方を考える会が結成され、年に三度ほど会合をもっていました。

　その仏教学者はある会合で、「僧侶は厚顔にもよく法話などできるものだ」と皮肉まじりに言われました。

　そのときは発言の真意がわからず、不愉快に思っていました。ところが、自分の内側から人々に正しい教えを伝えなければとの心が自ずと生まれてきて、その学者の批判を思い出し、発言の真意が飲み込めたのです。

　「本来、宗教体験しないと分からないのに分かったような顔をして、知識としての言葉を伝えているだけである。それも自分が苦しんで解決したわけでもない内容を義務的に伝えているにすぎない。つまり、自分の問題となっていない。このことは、人をあざむいているのではないのか」このように言いたかったのではと気づいたのです。

　人々に教えを伝えることは、雨が降ることにたとえられはしないかと私は考えています。大地には、大小様々な樹木や数え尽くせないほどの草花があります。雨は、大地に平等に降り注ぎます。樹木や草花は、平等に恵みを受けます。ところが、大地に降った雨を平等に吸い上げることはありません。大きな木は、多くの水を吸い上げます。小さな草は、わずかな水しか必要としません。

このことと同じように、教えを聞く人には様々な人がおり、人それぞれの聞き方をいたします。決して同じ理解をしているのではありません。これが現実だと思われます。しかし、それでも雨は降らなければならないのです。降らなければ、樹木や草花は枯れてしまいます。樹木や草花が水を多く吸収するしないにかかわらず、雨は必要なのです。

世の中には、真剣に仏法を求めている人たちが多くいます。その人たちに安易な気持で法を伝えることはできません。法を伝えることはそれなりの責任を伴うことであり、またそれなりの覚悟と緊張が求められます。求める人が真剣であるならば、伝える者も真剣でなければならないと思います。

「私は常に世間の人々の行為を知って、様々の法を説いている。『どのようにして人々を最高の道に導き、悟りを成就してもらおうか』と、いつもこのように思っている」

これは『法華経』で語られている釈迦牟尼仏《しゃかむにぶつ》の言葉です。衆生に注がれている慈悲の心が伝わってきます。

また、親鸞聖人は『歎異抄』の中で、

「まずもって仏になって、大慈《だいじ》大悲《だいひ》心《しん》で思いどおりに衆生に恵みを施す」

と、人々への思いやりを述べています。自分だけが浄土に往生《おうじょう》(二)して安楽でいよう、との心などなかったことがうかがわれます。

それでは、人々に法を伝え、悟りに導こうという慈悲は、どこから生まれてくるのでしょうか。それは、真如・真理の世界から出てくるものと私は考えています。つまり、自己のはたらきではなく、如来のはたらきであるということです。

私は過去に法話らしきことをしてきましたが、私の内側から自然に正しい教えを伝えなければとの思いが涌いてこなかったということで懺悔をしていると、前にお伝えしました。私が懺悔したことは、自己のはたらきの法話であったということです。自己のはたらきの法話とは、迷いの中での法話ということです。如来のはたらきではなかったので、私自身懺悔せざるを得なかったわけです。

(平成十年五月)

(一)　彼岸　悟りの世界のこと。迷いの世界此岸《しがん》に対する言葉。

(二)　往生　阿弥陀如来の浄土に往き生まれること。

死の覚悟

私は五十代、六十代の女性を中心とした何人かに、「ガンで死ぬのと、ぼけて死ぬのとではどちらがいいか」と質問したことがあります。ほとんどの人は、ガンで死ぬ方を選択しました。その理由は、「自分という意識をもって死にたい。ぼけて自分が分からずに死ぬのは嫌だ」ということでした。

ガンで死ぬ方がいいと思っていても、どのような形で死を迎えるのか誰も分かりません。ただ、多くの人々はできることなら苦しまずに、しかも他人に迷惑をかけないで死ぬことを望んでいるように思えます。

すでに十年以上前から、「ガン封じ」や「ぼけ封じ」を企画した寺が増えてきました。一時ブームになっておりました。霊場巡りをしたからガンにならなかったとか、ぼけなかったということはないでしょう。人々は、やはり不安なのです。

ガンで死のうが、ぼけて死のうが、あるいは他の病気や事故で死のうが、死は一つです。死を体験することは最初で最後であり、そのときにはもうすでにこの世にはいないのです。現在健康で人生を充分楽しんでいても、誰でも死ぬことは決まっています。歳を重ね、病み、いくら死にたくないと思っても、最後に息絶えてしまいます。死から絶対に逃れられないのであれば、逆に死を前向きにとらえて生きようという考えがあっても不思議ではありません。

このことは、すでに医療の現場で始まっています。不治の病を患って死に臨んでいる人に対して、残された人生を積極的に生きるように世話をしてあげることがそれです。また、自分の為残《しのこ》した仕事を限られた時間にやり遂げたという人もいます。

死を目前にしている人の中には、性格的に強い人もいれば弱い人もいます。孤独に耐えることのできる人もいれば、できない人もいます。ガンの告知を受け入れる人もいれば、パニックになる人もいます。信仰の篤い人もいれば、信仰に無縁の人もいます。このように事例は様々です。

白血病で苦しんでいる子供がいました。担当の医師はその子供に、天国の話を何度も聞かせました。すると死を受容するようになったといいます。また、私の知り合いにガンで亡くなった女性がいました。彼女は、死んだら空の星になると言って亡くなりました。星になるという希望で、死を受け入れたと思います。彼女にとって空の星が浄土であったのです。子供や孫たちにいつまでも見ていて欲しい、忘れないで欲しいとのメッセージであったのかもしれません。

不治の病を患っている人と同じように死を受け入れなければならないのが、死刑囚の人です。中には、刑死するまでにいのちの尊さに気づいた人もいます。作家で精神科医の加賀乙彦氏は、何人かの死刑囚に接してこられました。ある死刑囚と三年ほど文通や面会をしていました。あるときの面会で、何とか信仰を得たいと加賀氏に訴えたということです。

加賀乙彦氏がキリスト教徒であった関係で、この囚人は真剣に聖書を読むようになりました。そして、イエスが自分と同じような運命におかれていたことに共感を覚えるようになったということです。

すなわち、イエスが十二人の弟子たちとゲッセマネに来て祈ることがありました。弟子たちに「目を覚まして祈っていなさい」と三度言ってイエスは祈っていましたが、弟子たちは眠っていました。イエスが十二人の弟子の一人ユダに裏切られ、逮捕されて死刑になる前だというのに、弟子たちは何も知らずに眠りこけていました。イエスは、弟子たちからも理解されずに刑死したわけです。

このようなイエスの姿に、この死刑囚は自分自身の立場を重ねて共感していたのです。ところが自分はまだ信仰を得ていない、死が恐くて仕方がない、いつ刑の執行があるのか、と毎日戦々恐々としている。こんな苦しい思いをするなら自殺をした方がましだと考えて、頭を壁にぶっつけて自殺をはかりました。

何度自殺をはかっても、気絶するだけで死ぬことはできませんでした。ついに自殺をあきらめて、聖書を読んで読んで読みまくりました。さらに朝から晩まで祈り続けました。一週間目に、はっと心が明るくなりました。彼は急いで洗礼を受けました。そのときから彼の人格は全く変わってしまったといいます。

死ぬことは光であって、死んだ後には明るい世界があるということが分かったということです。その一ヵ月後に刑死しましたが、何の不安もなく、所長に礼を言い、握手して刑の執行を受けたということです。

不治の病を患っている人や死刑囚のように、嫌が応でも死を受け入れなければならない人が、逆に死の恐怖を超えて生きる喜びやいのちの尊さに気づいたという話に接しますと、健康であって死刑囚でもないわれわれの方が生きる喜びやいのちの尊さに気づかずに、生涯を終わってしまうという結果になっているのではないかと思えるのです。

死を考えて生きている現代人は、少ないように思います。本来、生と死を切り離すことはできないはずですから、死を考えないことは生きることの意味を考えないことと同じことです。

死を考えて生きるとは、死をどのように覚悟するかということでもあります。先徳たちがどのような覚悟で死に臨んだかを知ることは、死を考えて生きることの参考になるかと思われます。

空海は宝亀五年（七七四）に生まれ、承和二年（八三五）三月二十一日に入定《にゅうじょう》しています。入定とは、本来冥想を修して三昧に入ることをいいます。空海は死んでも永遠の世界に入っているとの信仰から、入定という言葉が使われているのです。

天長七年（八三〇）六月に淳和《じゅんな》天皇に出した奏状には、悪瘡が体に生じて回復の見込みがないので、大僧都《だいそうず》の職を解任してもらいたいとの旨を願い出ています。入定の四年前に当たります。

空海の遺誡《ゆいかい》である『御遺告《ごゆいごう》』には、

「天長九年十一月十二日から穀類を摂ることをやめて、もっぱら坐禅を修した」

とあります。穀類を断って、冥想に専念していたのです。入定の二年四ヵ月前に当たります。

断穀を心配した弟子たちに対して、

「命には限りがある。無理に生きようとは思わない。その時を待つつもりである」

と答えています。

そして、入定の年の一月以後は飲物もとらず、一切の食物を口にしなかったとのことです。入定後、すぐに火葬に付せられました。行年六十二歳でした。

西行《さいぎょう》も同じような方法を選んでいます。死の前年の秋に自分の命の限界を自覚して、河内国弘川寺《ひろかわでら》を死ぬ場所に選びました。断食《だんじき》をして死を待ったわけです。そのときに作った歌があります。

「ねがはくは花の下にて春死なんそのきさらぎのもち月の頃」

陰暦の二月の満月の夜に死にたいものだと望んでいます。二月十五日はブッダの入滅の日です。その日に死にたいと願っていました。亡くなったのは、建久元年（一一九〇）二月十六日でした。

親鸞が亡くなった後に編纂された『改邪鈔《がいじゃしょう》』には、

「私が眼を閉じたならば、賀茂川に投げ入れて魚に与えてよい」

とあります。

また、私の仏道の師、玉城康四郎先生は亡くなられる前に病室で、ご家族に「さようなら」と何度か言われ、身体を横にされてそのまま静かに息を引きとられました。死の直後の顔は神々《こうごう》しかったと奥様は言われていました。このような顔を初めて見たとのことでした。亡くなられた直後の写真を拝見しましたが、正に言われる通りのお顔でした。

空海、西行、親鸞にしろ、玉城先生にしても、死を克服されていたように思います。死への恐怖心は消えていたのではないかと思えるのです。そのことは仏道を求め続け、仏道を歩む中で解決されたものと私は考えています。

よく生きることにより、よく死ぬことができるということです。よく死ぬことは、よく生きることです。生と死は一つのものです。

（平成十一年八月）

死後のこと

死後の世界はあるのか、死んだ後どのようになるのかの関心は、古今東西を問わず強いものがあります。様々な宗教儀礼、民俗習慣として残っています。死んでこの世に再度生き返った人はいないのですから、誰も死後の世界を断定することはできません。

しかし、人間はこのことに大いに関心があるので、様々なとらえ方をしてきました。哲学的に考えたり、宗教的に民間信仰としてとらえようとしたことがそうです。死ねば零になって何も残らないとの考えがあれば、死後ある期間存在して消える、また永遠に続くと説くものもあります。

死後の世界を説く日本人の民間信仰として広まっていたのは三途《さんず》の河、賽《さい》の河原の話です。閻魔王の国の境界に死出《しで》の山の南門があり、死者はここから入って山に登ります。険しい坂道と、固い石の道に苦しめられてこの山を越えると、三途の河に着きます。この河を渡るのに、善人は楽に橋を渡ることができます。罪の軽い者は浅瀬を、重い者は深瀬を渡らなければならないということです。向こう岸に着くと奪衣婆《だつえば》という老婆が待っていて、死者の着物をはぎ取ります。死者はこのような苦労の後、閻魔王の所に着くというのです。この話は、平安時代末期の『地蔵菩薩十王経《じぞうぼさつじゅうおうきょう》』という偽経《ぎきょう》から出てきたものです。この三途の河の説、それに中世以後にわが国でつくられた賽の河原の説も俗説とされています。

死後の世界について科学的に求めてみようとの研究が、最近熱心に行われています。死んだ後何もないのではなく、何かあるのではとの思いをもつ人が多くなってきたようです。臨死体験のデータが多く集められてきたのも、その一因だと思います。この研究に取り組んでいるのは医学者や科学者ですので、全くでたらめな報告書ではないと推測されますが。多くのデータの中で、ある共通の現象があります。それは、幽体《ゆうたい》が肉体から離脱するという幽体離脱の現象です。例えば、死に直面するような病気や交通事故などが原因で手術室で手当を受けているとき、肉体から幽体が抜け出て天井まで浮かぶとのことです。本人の意識は肉体から幽体の方へ移って、天井の方から自分の肉体を眺めるというのです。医者や看護婦が懸命に蘇生を施しているのを上から眺めているわけです。その幽体は意識だけでなく体ももっており、しかもその体は、非常に微細な原子のようなものから成り立っているので、肉眼で見ることはできないとされているようです。この幽体が元の肉体にもどったとき、蘇生するというのです。このようなデータがかなり集まっていますが、そのことをそのまま信用することはできません。また、そのことでもって死後の体験とすることはできないと思います。

仏教の中で、この臨死体験とよく似た現象がすでに説かれています。インド仏教の『倶《く》舎論《しゃろん》』という論書に説かれている中有《ちゅうう》がそれです。中有とは、中間にある存在という意味です。死んでしまった死有《しう》と、次の世界に生まれる生有《しょうう》との中間にある存在のことをいいます。また、中有は非常に微細なので、肉眼で見ることはできないとされています。これは、幽体と同じことです。

さらに中有は、五根《ごこん》・五蘊《ごうん》から成っているといわれています。五根とは、眼《げん》・耳《に》・鼻《び》・舌《ぜつ》・身《しん》の五つの感覚器官のことです。五蘊は、色《しき》・受《じゅ》・想《そう》・行《ぎょう》・識《しき》という五つの要素の集まりです。色は肉体のこと、受想行識は精神を表しています。つまり、中有は体も心も備わっているとされているのです。これも幽体と同じです。

また、中有は虚空を自由に移動することができ、非常に微細なものから成り立っているため、壁や障害物を移動できるというのです。このことも幽体の現象と同じです。

次に、中有の生存期間について、いくつかの説があります。七日、四十九日、あるいは無制限とあります。この中で四十九日説が、わが国に伝わってきているのです。

中有は体を持っているので、食事をするといわれています。その食事は、香りであるということです。このことから霊前で香を焚くという風習ができたとされています。

インドには、仏教の他にいくつかの学派がありました。インドの六派哲学の一つ、サーンキヤ学派がありました。この学派では人間の普通の体を粗身といい、粗身の中に細身が含まれているとしています。この細身は非常に微細な体であり、意識もあります。この学派のいう細身は、仏教で説かれる中有、現代の幽体と同じ意味をもっているといえます。この細身が輪廻するとされたのです。

また、ブッダに相前後して、インドでウパニシャッドという思想がおこりました。業の説と結びついて、インド独特の輪廻説が広まったのです。つまり人が死んだ後の運命は、生存中の善悪の業によって決まるとされました。そのことによって次の世は動物や植物に生まれたり、あるいは人間に生まれたりするとされました。そして、業の続く限り、これらの輪廻から逃れることはできないとされたわけです。

この輪廻からどのように脱することができるのかということが、バラモン教やジャイナ教、仏教などの最大の課題でした。このインドの輪廻説は、ギリシアにも影響を与えたとされています。

空海は、輪廻をどのようにとらえているのでしょうか。空海は『秘蔵宝鑰《ひぞうほうやく》』で、「生まれ生まれ生まれ生まれて生《しょう》の始めに暗く、死に死に死に死んで死の終りに冥《くら》し」と述べています。

「人は自分がどこから生まれてきたのか分からないし、死んでどうなるのか知らない」と説いています。

さらに空海は同書で、

「だれでも人は好んで生まれてきたのではない。死もまた何ぴともこれを憎むところである。だが、なお生まれかわり生まれかわって迷いの世界をめぐり、いくたびも死を繰り返してはあらゆる迷いの世界に沈んでいる。自分を生んだ父母もその起源を知らず、その生を受けた自分も、死の行方を悟らない。過去をふりかえれば、暗くしてその初めを見ることができない。未来をのぞみ見れば、全く不明でその終わりを知らない」と説いています。

「人はどこから来て、どこへ行くのか、全く知らない」と断言しているのです。それは、人が無智だからと言っています。ここにいう無智とは、智慧がはたらいていないので何も分かっていないということです。

中国でできた華厳宗《けごんしゅう》の第二祖に智儼《ちごん》という秀れた僧がいました。初祖の杜順《とじゅん》が、たまたま智儼の家にやってきたときのことです。杜順五十七歳、智儼十二歳のときでした。杜順は専ら坐禅を修していたとのことです。この杜順は、非常に秀れた人物でした。杜順は智儼の頭を撫でながら智儼の父親に向かって、

「この子は私の子である。私の許に帰ってきたら」

と言いました。両親は仏道に理解があったので、それに従いました。

智儼は教えを一度聞いただけで理解できたので、再び問うことはなかったとのことです。仏教の学に専念して、『華厳経』の注釈も試みています。智儼は六十七歳で亡くなりましたが、亡くなる前に次のように語っています。

「わたしのこの身体は幻のようなものであり、ただ縁によってできているので、縁が尽きれば身体は消えてしまう。そのため自性《じしょう》というものはない。死んでしばらくの間は浄土にいるが、その後は蓮華蔵世界で悠々自適に暮らそうと思う。おまえたちも私にしたがっ

て、同じ志をもちなさい」

蓮華蔵世界とは、華厳でいう毘盧遮那仏《びるしゃなぶつ》の世界、つまり宇宙そのものをいいます。最後は宇宙の中に帰っていく、と智儼は教えています。全く消滅して零になって何も残らないということではありません。日本では、多くの人々は死んだ後零になるのではなく、やはり何か残るのではないかと希望しているように思えます。

「死んだらどうなるのか」を特定することは困難です。そのことは空海が指摘しているように、煩悩に覆われて無智であることが原因だと考えられます。そのため智慧が開いていた先徳たちの教えに耳を傾けることが求められます。

私は、死ねば如来のいのちに帰っていくととらえています。如来のいのちより生まれ、如来のいのちに帰っていくとの立場です。如来のいのちの世界は、地獄とか極楽という相のある世界ではありません。苦楽のある世界ではないということです。

私は、瀬戸内海の島にある小庵で仏法を学ぶ会を開いております。毎月熱心に参加しておられた笹岡源次さんという人が亡くなられた後、奥様から手紙をいただきました。一部を記しておきます。

「主人こと、八月二十八日午前三時四十四分に病院で他界いたしました。

右顎下腺悪性腫瘍にかかり、いろいろ治療をしていただきましたが、半年ばかりで命を落としてしまいました。病の恐ろしさを痛感している毎日です。主人は『やすらぎの信条』を私に写経用紙に書かせ、いつも枕のそばに置いていていました。きっと余命あまりないことを感じて、気持を和らげていたのでしょう。云々」

死んだ後の世界を自ら信じることができるならば、その人は死に対する思いが変わってくるのではないでしょうか。笹岡さんが亡くなる一ヵ月前に会話を交わしましたが、不治の病を淡々として受け入れられているように感じました。

『やすらぎの信条』にある「如来のいのちより生まれ、如来のいのちに帰っていくことを信じよう」という言葉を信じ、心がやすらいでおられたのかどうかとの思いがあります。私は、きっと信じて下さっていたと思っています。

（平成十一年九月）

懺悔による救い

人間は、他の生きもののいのちをいただかないと生きてはいけません。生きもののいのちを奪うことによってしか生きていけないのです。また、暴力をふるったり、盗んだり、人を欺したり、あるいは中傷したりすることもあります。これらの他人に対する行為だけでなく、自己の心の中で起こる憎しみの心、嫉妬、怨み、怒りなども悪業です。

悪業は、人の深い識にすべて貯えられることになります。悪業の無量といっていいほどの積み重ねが宿業です。人は宿業を抱えているので、自己の力ではどうすることもできない罪悪の存在であるといえます。

親鸞聖人は、人間の罪悪を深く見つめていました。『歎異抄』に弟子である唯円《ゆいえん》との対話があります。親鸞は、唯円に問いました。

「人を千人殺してくれまいか。そうすれば必ず往生するであろう」

つまり、往生のために千人殺せるかと問うたのです。唯円は、次のように答えます。

「自分の器量では、一人も殺せません」

すると、親鸞聖人は、

「人が人を殺さないのは、一人でも殺すという業縁《ごうえん》(一)がないのであって、自分の心が善だからではない。また、殺したくないと思っても、業縁によって百人、千人殺すこともある」

と断じています。

人は、無限ともいえる過去からの宿業に支配されており、罪悪深重《ざいあくじんじゅう》の存在である。善業は、心が善だからではなく、業縁によるのであり、業縁次第では千人も殺すという悪業をしてしまうと親鸞は言っているのです。それだけ罪業が深いということです。

オウム真理教の幹部であった中川智正被告は、坂本弁護士一家殺害事件の実行犯でした。子供まで殺してしまった中川被告は、法廷で「消えてしまいたい」と言いました。地下鉄でサリンを撒いた医師の林郁夫服役囚は、法廷で叫びました。二人とも、オウム真理教に入るまでは優秀でまじめであったといわれております。正に、オウム真理教に入って活動するという業縁で人を殺してしまったのです。

キリスト教のパウロは、『ローマ使徒への手紙』の中で、

「もし私が望まないことをしているとすれば、それをしているのは、もはや私ではなく、私の中に住んでいる罪なのです」

と語っています。

人間の内に宿っている罪に支配されている人間の無力さを自覚しているように思います。しかし、だからといって人間は駄目であるということではありません。人間は、そういう存在であるということです。

中川智正被告の「消えてしまいたい」との告白と、林郁夫服役囚の法廷での叫びは、パウロの説く罪の自覚の始まりであり、仏教のいう宿業そのものへの気づきの第一歩といえます。

救われるためには、この罪悪の自覚が重要です。自覚することが、懺悔につながることになるからです。

自己の内部に巣くう罪悪に気づけば、罪を犯すことへのためらいがあるはずです。このことが欠如しているので、罪を犯すことになるのだと思います。また、罪悪の自覚は、人間は罪悪に対して無力であるとの気づきでもあります。

私は行の途中に、自分が懺悔していることにふと気づいたことがあります。このときから、行には懺悔の徳目があるのではないかと自覚できるようになりました。また、人生に懺悔が大切であると思えるようになりました。

『アングリマーラ・スッタ』に、アングリマーラという盗賊の話があります。彼は、人を殺して物を奪うという盗賊でした。九十九人を殺して、百人目に自分の母親を殺そうとしてブッダに出会い、懺悔してブッダの弟子になりました。この後、アングリマーラは、懸命に仏道修行に励みました。ある時、彼はサーヴァッティーの街に托鉢に出掛けました。この街には、彼に殺された人の親族や被害を受けた人々、怨みをもっている人々がたくさんいます。彼は街の人々から、この時とばかりに石や棒切れを投げつけられました。彼の衣は破られ、身体は傷つけられて血に染まりました。散々な目にあって、ブッダの許に帰ってきたわけです。そんな彼に向かって、ブッダは次のように説かれました。

「忍受せよ、汝修行者よ、忍受せよ、汝修行者よ、汝が幾年、幾百年、幾千年の間、地獄において受けなければならないその業の果報《かほう》を、汝は今受けているのである」

忍受には、耐える、苦しみを忍ぶなどの意味があります。アングリマーラ自らが行った業果《ごうか》の苦しみを何百年、何千年と地獄で受けなければならない。それを今受けているのだ。

ただそれを忍受するしかないのだとブッダは諭しておられるのです。

アングリマーラは、苦難に耐え忍びました。やがて、彼は雲を離れた月のように輝いたということです。懺悔して苦難に耐えることにより、アングリマーラは救われたことになります。

人は、罪を犯すことがあります。犯したとき、償いをしなければなりません。人間社会には、法律があります。そのため、法律によって裁きを受けることになります。裁きを受けて刑に服せば、罪は形の上では消えることになります。しかし、そこに懺悔がなければ、過去の罪は浄化されたことにならないと思います。人間のつくった法律の中で許されただけであって、自己のつくった悪業は消えることはありません。宗教上の立場からすれば、救われたことにはなりません。

最近、十七歳を中心とした子供たちの犯罪が世間を驚かせています。十年前と比べると少年による殺人、暴行、放火などの凶悪犯罪が倍増しております。殺人や暴行などの犯罪を犯した子供たちが懺悔しているのかどうか、また、彼らの保護者である親が事件に対してどのような思いをもっているのか不明です。

罪を犯した子供たちは、心の底から懺悔しなければ、法律によって処分が終わっても、救われないと思います。彼らの親はどうでしょうか。子供たちの犯罪に対して申し訳けないと詫び、被害者やその家族に償いをしても懺悔にはなりません。

それでは親の懺悔とは何でしょうか。親は、わが子が犯した悪業の罪を自分自身の罪として、まず産み育てたわが子に心から謝まり、次に被害者やその家族に謝まり、償いをしなければならないと思います。それが、親の懺悔です。

古来、仏教には、戒律が定められていました。その中の一例として、具足戒《ぐそくかい》(一)を受けた男性の修行者を比丘、女性の修行者を比丘尼と称していましたが、比丘・比丘尼の守らなければならない戒の数が定められていました。比丘は二百五十戒、比丘尼は三百四十八戒でした。

戒を破った場合、内容の軽重によって罰を受けることになります。世間の法律でいえば死刑に相当する教団追放、二十人以上の僧の前での懺悔、また四人以上の僧の前での懺悔、あるいは三人、一人の僧の前での懺悔、自己の心の中での懺悔などがありました。

これらの懺悔は、形式的になりやすい面がありますが、懺悔の重要性を伝えてくれています。つまり、罪悪を告白することにより、初めて破戒の罪を断ち切ることができるということです。

道元禅師は、『正法眼蔵』の中で、

「悪業の報いは必ず受けねばならないが、もし懺悔するならば、重きを転じて軽くすることができるし、あるいは、その罪を滅して浄らかになることもある」

と、懺悔による救いの可能性を説いています。

懺悔は、反省ではありません。反省は自己の力、自らの意志です。本当の懺悔は、自己の力ではありません。如来のはたらきです。如来のはたらきであるゆえに、自己の奥深いところに横たわっている罪悪に気づかされるのです。光に照らされるから、闇が見えてくるのです。闇の中にいるだけでは、闇に気づきません。そのために、人は何度も同じ罪を犯してしまいます。

反省は自力であり、根源としての罪悪に気づいていないから、何度でも罪を重ねるのです。しかし、それでも反省は大切です。反省が懺悔になるかもしれないからです。

前に述べたアングリマーラが雲を離れた月のように輝くようになったとは、如来のはたらきを受けたことを表しています。彼は救われたのです。アングリマーラは残忍な盗賊でしたが、機根は優れていたに違いありません。その彼がブッダに出会うという機縁から懺悔し、仏道に精進し、業苦に耐え、その結果、如来のはたらきを受けて救われたことは、歩むべき道筋を示してくれているのではないでしょうか。

平安時代末期に活躍した真言僧である覚鑁上人《かくばんしょうにん》(三)は、『密厳院発露懺悔文《みつごんいんほつろさんげのもん》』で、

「犯してきた限りない罪を今三宝《さんぽう》の前に自らあらわにするものである。願くは、仏の大慈大悲の力によって罪を消除せしめ給え」

と懺悔しています。

三宝とは、仏・法・僧の三つの宝のことです。仏は、悟りを開いた人のことをいいます。法とは悟りの教えであり、僧は教えを学ぶ人の集まりのことです。この覚鑁上人の言葉は、如来のはたらきによって救われることを明らかにしています。

正しい仏道を歩むことは、自ずと懺悔になっていきます。正しい仏道を歩むことにより、無明でどうすることもできない宿業の身であるこの私に、如来ははたらいてくれるのです。このことが、救いになるわけです。

（平成十一年十一月）

（一）　業縁　業が縁となってはたらくことをいう。

（二）　具足戒　出家した男女の修行者が守るべき戒律。出家して教団に入るためには、この具足戒を受けなければならないとした。部派によって戒の数は異なる。

（三）　覚鑁上人　一〇九五〜一一四三年。空海の思想を発展させて、真言密教の中に浄土思想を取り入れた。「内観の聖者」「懺悔の聖者」とも称されている。新義真言宗の開祖。

業の報いをこえる

私が業を意識したきっかけがあります。昭和五十年に高野山の修行道場を出て、行の道に入りました。仏道修行の中で、境地《きょうち》を深めることに専念していました。

そのうち、いくら境地を深めても、ある深さまでであり、それ以上は深まらないことに気づきました。やがて、それはどす黒い壁のようだと意識するようになりました。

この壁は一体何なのか、と疑問をもったわけです。この壁を打ち破るために、熱心に境地を深めることに励みました。しかし、励めば励むほど、壁は堅固であると分かってきました。

行が終わった後の二、三日は壁を感じることはないのですが、しばらくすると壁を感じてしまうという繰り返しが続きました。

昭和五十五年に初めて玉城康四郎先生にお会いしたとき、この疑問を質問してみました。

すると、「その壁は、業である」と明確に指摘して下さいました。このとき以来、業を意識するようになったわけです。

業は、本来インドの思想であり、行為を意味します。『増支部経典《ぞうしぶきょうてん》』に説かれているように、ブッダは業を肯定されています。

「比丘《びく》らよ。いま阿羅漢《あらかん》(一)であり、正しい悟りを開いた者である私も、業論者であり、行為論者であり、精進論者である。比丘らよ。愚人マッカリは『業は存在しない、行為は存在しない、精進は存在しない』といって、私を非難している」

ブッダは、自らを業論者であると言明されています。ブッダ在世当時のインドでは、今ある立場はすべて過去世によって決まっているので努力は無駄であるとする運命論、すべては神の意志によって決まるという神意論、すべては因果関係によるのではなく偶然に支配されるという偶然論が説かれていました。ブッダは、これらをすべて否定されたわけです。ブッダが、行為と努力（精進）や業を重視されていたことは明白です。

業には、行為と後に現れてくる業力《ごうりき》の二つの意味が含まれています。業力とは、自分のとった行為は必ず結果として現れるということです。行為は、業の報いとして現れてくるものです。

このことは、具体的に「自業自得《じごうじとく》」として表されています。この言葉の意味は、自らつくった業によって、結果として、その報いを受けることをいいます。「善因楽果《ぜんいんらくか》　悪因苦果《あくいんくか》」は、この内容を表した言葉です。

ブッダは、業の報いについて『大宝積経《だいほうしゃくきょう》』で次のように説かれています。

「たとえ百劫《ひゃくこう》を経ても
作すところの業はなくならない
因縁が会遇するとき
その果報を自ら受ける」

劫とは、時間の単位のことです。いくつかの経典や論書に劫は説かれていますが、その一つ「芥子劫《けしこう》」について述べておきます。

四方の長さと高さが一由旬《いちゆじゅん》の鉄城があり、その中に芥子が満たされています。一由旬とは、約七キロメートルの長さです。その中の一粒の芥子を百年に一度だけ持ち去ります。すべての芥子がなくなっても、まだ劫は終わっていないとされる時間が芥子劫です。つまり、百劫とは無限といっていいほどの時間のことです。

この経文《きょうもん》を解釈しますと、

「自らつくった業は、いつまでも消えることはない。因縁が熟したとき、業の報いは必ず自らに現れてくる」

となります。

さらに、ブッダは同経で、

「純粋の悪業には、純粋の悪の報いがあり、純粋の善業には、純粋の善の報いがある。善悪の雑《まじ》った業には、善悪の雑った報いがある。このゆえに、純粋の悪業、善悪の雑った業を離れて、純粋の善業のみを汝等は修しなさい」

と説かれています。

悪業には悪の報い、善業には善の報いがあり、善悪のまじった業には善悪のまじった報いがあるので、善業のみ修めるようにとの教えです。

業の報いには、自己責任と、必ずしも自己責任とはいえない二種類の報いがあります。前者は、自らの行為が原因で、自らに果となって報いが現れてくることです。この結果は、自らの責任で自らが刈り取らねばなりません。他人に刈り取ってもらうことはできないものです。

例えば、初めてインドに旅行した健啖家によくあることですが、インド料理が珍しくておいしいということで、つい食べる量が増えてしまうことがあります。食べ過ぎないようにと注意されても、食べることに自信があるものですから、食べ続けてしまいます。しかし、一週間から十日もすれば、顔色が悪くなり、下痢をして元気がなくなってしまうのです。

そこで初めて悔いるわけですが、まさに自業自得、悪因苦果といえます。本人の苦しみを誰も代わって受けることはできません。人の注意を無視して自らつくった業ですから、自ら下痢の苦しみを受けて耐えることしかないわけです。

現在、世間から非難を浴びせられている雪印乳業の食中毒事件や、大手デパートそごうの倒産も同じことだと思います。ただ、そごうは自らの責任を逃れようとして、国民の税金にたよろうとしました。結果として、国民の怒りと批判にさらされて断念しましたが、この悪あがきにより、より一層信用をなくしてしまいました。そごうは、さらに悪業をつくってしまったわけです。そごうの経営陣の中に、業の報いということを知っている人がいたなら、これほどまでに信用を失うこともなかったかもしれません。

次に、後者は必ずしも自己責任とはいえない報いの現れです。人はこの世に生まれてきたとき、すでに業を背負っています。両親の両親、そのまた両親というように、はるか過去から無数の先祖の業を受け継いで、この世に生まれてきたのです。つまり、宿業《しゅくごう》の身ということです。

親鸞聖人は、『歎異抄』の中で、

「卯毛《うのけ》羊毛《ひつじのけ》のさきにいる塵ばかりも造る罪の宿業にあらずということなしと知るべし」

と述べています。すべてのことが宿業であるとしています。

現実の一人一人は、宿業を背負いながら新たな業をつくっているといえます。宿業は自己の責任ではありませんが、生まれた後の行為は自己の責任となります。

宿業の理解で、気をつけなければならないことがあります。人の不幸につけいって、それは宿業によると誤った俗説を押しつける人がいます。これは、全く根拠のない非仏教的な考えで、否定しなければなりません。幸不幸には、複雑で多くの原因と結果がからみあっており、簡単に判断できることではないのです。

また、ブッダは、人間の価値を生まれによって評価しておられません。このことは、『スッタニパータ』にある次に言葉でも明らかです。

「生まれを問うことなかれ。行いを問え。火は実にあらゆる薪から生ずる。賤しい家に生まれた人でも、聖者として道心堅固であり、慚愧《ざんき》の心で慎しむならば、高貴の人となる」

「賤しい家に生まれた人」とは、低カーストに生まれた人のことです。「慚愧の心」とは、恥を知る心をいいます。ブッダは、生まれよりも、行為を重視されていたことが分かります。

ブッダは、教団の中に、インド社会を支配していたカーストによる差別を取り入れませんでした。教団内部では、出身階級を一切問われませんでした。

ブッダは、開悟から数年後に、故郷のカピラヴァットゥを訪れています。そこでシャカ族の青年たちを出家させましたが、その中に理髪師のウパーリがいました。カースト制では、理髪師は低い身分に位置づけられていました。ブッダは、彼を一日さきに出家させて、他の青年たちに先輩の修行者として礼拝させているのです。

ブッダの考えはそうであっても、ブッダ以後その考えが続いたわけではありません。過去もそうでしたが、現在のわが国の仏教界にも差別的体質は残っております。ブッダの差別を否定する思想は、形骸化しているといえます。

さて本題にもどって、人は業の報いをこえることができるのかという問題があります。

「懺悔による救い」の中で、アングリマーラの話をご紹介しましたように、アングリマーラは自らの業の報いに耐えて熱心に修行に励みました。

そして、悟りを得て、次のように語っています。

「前には放逸《ほういつ》をなし、後によく自制したかれは、雲が消えて月が出るようにこの世間を照らす」

注目すべきは、忍受し、仏道に励むことによって、雲から離れた月のように心が輝き出したということです。このことは、如来の光がアングリマーラを照らしていることを表わしています。つまり、彼は業の報いをこえることができたのです。

私事になりますが、かって集中的に入出息念定という冥想を修していたとき、業の闇の深さにとまどいを覚え、無力を感じたことがあります。そんな中、呼吸に専念していると、突如として三昧に入ることができました。不可思議でした。三昧は自己の力ではなく、如来のはたらきといえます。宿業の身であるこの私自身に、如来がはたらいてくれたのです。如来のはたらきを受けることによって、業の報いをこえることができるといえるのです。

自己がいくら努力しても、自己の力で業の報いをこえることはできません。如来のはたらきを受けることによって、業の報いをこえることができるといえるのです。

（平成十二年七月）

（一）　阿羅漢　煩悩を断じ尽くしたところから修行完成者、聖者とされる。

慈しみの心を受ける

慈悲は、仏教の実践の中でも重要な徳目です。

ブッダの前世の物語に、ブッダの前世であったヴェッサンタラ太子が物乞いのバラモンたちに、財宝や車、妻子まで与えていることが書かれています。また、同マハーサットバ太子は、飢えた虎のために、自分の身を捨てて虎に身体を与えており、同シビ王は、鷹に追われた鳩のために、自分の身体の肉片を鷹に与えて鳩を救ったと記されております。

身を犠牲にする慈悲行《じひぎょう》が最も尊い行為であると考えられていたようです。

ブッダは、慈しみについて、どのような考えをもっておられたのでしょうか。『スッタニパータ』には、

「あたかも、母が己《おの》が独り子を身命《しんみょう》を賭《と》しても護るように、そのように一切の生きとし生けるものどもに対しても、無量の慈しみの意《こころ》を起すべし」

「一切の生きとし生けるものよ、幸福であれ、安泰であれ、安楽であれ」とあります。

ブッダの立場からしますと、慈しみの対象は「一切の生きとし生けるもの」であり、一切の生きとし生けるものがすべて幸福であることを望んでおられるわけです。

いかなる人でも、内容の大小は別にして、慈しみの行為はとれると思います。例えば、難民や災害で困っている人への援助、金品の施しだけでなく、重い荷物で難儀している人への手助け、電車内で席をゆずってあげること、弱者へのいたわりの言葉なども慈しみの行為です。

しかし、ここで気をつけなければならないことがあります。行為をする人と、それを受ける人と、行為の手段となるものの三者の関係です。もし、「私があの人にこれこれをしてあげたのだ」との思いが出てくるならば、それは本当の慈しみの心とはなりません。そうなりますと、行為をする人、受ける人、手段となるものは清浄であるとはいえません。

慈しみの行為を受ける人も、何らかの思いをもってはならないのです。行為をする人も受ける人も、素直な心でいることが大切です。このことを三輪清浄《さんりんしょうじょう》といいます。

八年程前になりますが、私は経済的に貧しいインドの子供が学校を出て働くことができるまでの二年間、援助をしていたことがあります。しかし、心に何か残るものがありました。正直言って、「施しをしてあげている」との思いが消えなかったのです。自分の行為に慢という煩悩が出てきて、行為そのものにとらわれていたわけです。つまり、本当の慈しみの行為になっていなかったといえます。

平成七年に阪神大震災があり、そのとき震災直後から被災地に何度か足を運びましたが、やはり同じように自分の行為にとらわれていたと思います。宗教的にいえば、未熟であったといえます。

ブッダは、晩年、ラージャガハの霊鷲山から最後となる旅に出発し、パーヴァの町に修行僧らと共に到着されました。その町で、金属細工人の息子チュンダから食物の供養を受けられました。チュンダの職業は、カンマーラといわれています。カンマーラとは、金属細工のことで、賤業とみなされていました。

チュンダの家は、ブッダや修行僧たちを接待するわけですから、富裕な家であったに違いありません。ブッダは、下位カーストの人からも、同じように供養を受けていたことが分かります。

ブッダが、供養を受けた食物を食べられたとき、激しい痛みと共に血がほとばしり出たとされています。その食物は、スーカラ・マッダヴァといわれております。どのような食物であったのか特定されておりません。豚肉を煮たもの、あるいはきのこ料理との説があります。このことが原因で、ブッダは入滅されるわけですが、病に苦しむ中でブッダは、アーナンダに次のように告げておられます。

「修行完成者（ブッダのこと）は、お前の供養の食物のせいで亡くなったのだから、お前には利益がなく、功徳がないと言ってチュンダを非難するかもしれない。しかし、アーナンダよ、チュンダが後悔しないように、次のように伝えて欲しい。『チュンダよ、私は次のように修行完成者から聞いている。今までに受けた二つの供養の食物は、等しいみのり、等しい果報があった。他の供養の食物よりはすぐれた果報があり、すぐれた功徳があった。その二つとは何であるか。修行完成者が供養の食物を食べて無上の悟りを達成したのと、この供養である。チュンダは、幸福を増す業を積んだ。チュンダは、天に生まれる業を積んだ』と。アーナンダよ、チュンダの後悔をこのように言って取り除いておくれ」

修行完成者が供養の食物を食べて無上の悟りを達成したとは、出家してからの六年にわたる苦行の後、スジャータという少女から乳粥《にゅうしゅく》の供養を受けて体力を回復し、冥想に専念して開悟されたことを指しております。

ブッダは、スジャータの供養とチュンダの供養が、多くの供養の中でも最上の供養であったと感謝しておられるのです。非難されるであろうチュンダをかばっておられることが分かります。

さらに、ブッダは、続けられます。

「与える者には、功徳が増す。身心を制する者には、怨みのつもることがない」

与える者とはチュンダのことであり、身心を制する者とはブッダのことです。激しい苦痛を受けていても、チュンダを怨むことなく、逆に供養の功徳をたたえておられるのです。ブッダの慈しみの心を受けることができます。

また、入滅の直前にブッダは、自分が亡くなった後に、修行僧チャンナにブラフマ・ダンダという罰を与えるようアーナンダに伝えられました。ブラフマ・ダンダとは、清浄な罰ということです。

チャンナは気むずかしく、かたくなで、協調性に欠け、他人とよく摩擦・抗争を起こしていました。このようなチャンナに、ブッダは罰を加えよと言われたのです。

その罰とは、彼に話しかけず、訓戒もせず、教え導いてもいけないとの罰です。言葉を換えていえば、無視することです。これだけの話であれば、はなはだ冷たい対応の仕方です。ブッダの言葉とは思えません。

ブッダ入滅後、十大弟子の中で頭陀《ずだ》第一(一)とされたマハーカッサパは、急いで入滅の地クシナガラにやって来ました。ブッダを荼毘《だび》に付した後、彼は教団の最高責任者になりました。チャンナの罰のことを聞くと、マハーカッサパは、アーナンダにブッダの言葉をチャンナに伝えるように命じました。

チャンナは乱暴なところがあったので、アーナンダは行くことをためらいましたが、他の修行僧と共に出向きました。チャンナにブッダの言葉を伝えると、「それでは私を殺すことと同じだ」と言ったまま悶絶してその場に倒れたということです。

この後、チャンナはまるで別人のようになって修行に精進し、阿羅漢の境地に達しました。と同時に、ブラフマ・ダンダの罰は自ずと解消したわけです。

ブッダは、このことを見通しておられたのです。チャンナは、他人の言葉に耳を貸そうとする人間ではなかったが、入滅直前のブッダの言葉を聞いて別人のようになり、懸命に努力して阿羅漢の境地を得たわけです。ブッダは、チャンナの特性を見抜いて罰を与えられたものと思います。このこともブッダの慈しみの心そのものだといえます。

　また、このような話もあります。良寛の五つ下に由之という弟がいました。放蕩癖があったということです。この由之に馬之助という息子がいましたが、父由之を上回るほどの放蕩癖がありました。

　ある日、良寛は、由之の家に宿泊しました。由之は、酒に明け暮れる馬之助に意見をしてもらおうと思っていました。馬之助は、父の意見など目もくれなかったのです。ところが良寛は、馬之助にひとことも意見しませんでした。

　朝、家を出るとき、わらじの紐を馬之助に結ばせました。その馬之助の手に良寛の熱い涙が落ちました。このとき以来、馬之助は放蕩を止めたといいます。

　良寛の慈しみの心が、馬之助へのあわれみの心となり、そのことが涙になったと思います。馬之助は、良寛の慈しみの心に打たれたのではないでしょうか。自分のような人間を慈しんでくれる人がいることに心を揺り動かされ、励みとなり、良寛への信頼となり、立ち直ったのではないでしょうか。

　私は、これらの話を知って心がさわやかになりました。なぜさわやかになったかと言えば、ブッダや良寛の慈しみの行為は、深い境地から出たものだからです。私の心に残るものが何もないのです。慈しみの心からすっと自然に出た行為のように思えるのです。

それでは本当の慈悲は、どこから出てくるのでしょうか。空海も重視した密教の論書である『菩提心論《ぼだいしんろん》』には、

「諸仏の慈しみとあわれみは、真如の世界からそのはたらきが起こったものであり、人々を救済されるのである」

とあります。

つまり、慈悲は如来のはたらきであると説かれているのです。如来のはたらきは、宗教体験により出てくるものです。

空海の著になる『三教指帰《さんごうしいき》』には、求聞持法を修したとき、宗教体験をしたことが書かれています。その体験後、

「世俗の栄華を厭うようになり、山林に立ち込めるもやを朝夕に慕うようになった。軽くてあたたかい服を着、肥えた馬にまたがり、流れる水のように速い車に乗る暮らしを見ては、稲妻や幻のような無常のありさまを歎く心がたちまちに起こり、醜い者や貧しい人を見ては、前世の業の報いを悲しむ心がやまなかった」

という心境に変化したことが伝えられております。

宗教体験により世俗の名誉や利得を求める心がなくなり、無常を歎く心が起き、人々を

あわれむ慈しみの心が生まれてきたと述べているのです。未熟者が言うのも僭越《せんえつ》ですが、このことからも、空海の宗教体験は本当のものであったといえます。

本当の慈悲は、宗教体験によるということです。宗教体験から、本当の慈しみの心が生まれてくるのです。その結果、慈しみの行為には我のはたらきがないので、人の心をうつのだと思います。

ブッダや良寛の行為は、まさにそれでした。チュンダ、チャンナや馬之助は、ブッダや良寛の慈しみの心を受けたといえます。

われわれは法を通してブッダをはじめ、宗教体験をした仏道者から今も慈しみの心を受けており、これからも受けることができるのです。仏縁に感謝せざるを得ません。

（平成十二年八月）

（一）　頭陀　仏道修行のための様々な生活規律の実践。

無明を断ずるということ

苦悩の根源は、無明です。人は、この無明の闇を破ることができるのでしょうか。このことについて経典は、どのように説いているのでしょうか。また、祖師方は、どのようにして無明と取り組まれたのでしょうか。

『中部経典』に、無明についての舎利弗の説法があります。

「漏《ろ》の集《じゅう》より無明の集あり、漏の滅より無明の滅あり」

集とは、原因という意味です。漏は、煩悩のことです。つまり、

「煩悩が原因で無明の原因となり、煩悩が滅することにより無明が滅する」

となります。また、逆に、

「無明の集より漏の集あり、無明の滅より漏の滅あり」

とあります。これは、

「無明が原因で煩悩の原因となり、無明が滅することにより煩悩が滅する」となります。

以上のことから、無明と煩悩は、相互の因果関係にあることが分かります。両者が因果関係にあるならば、無明の闇を破る方向性は、煩悩のはたらきをどのようにしてなくするのかということになります。

それは、「自心をありのまま知る」ことだと思います。いわゆる正見《しょうけん》です。正見と実践の正定《しょうじょう》は、不可分の関係にあります。正見は智慧のはたらきであり、正定は三昧のことです。そして、智慧は三昧によって開かれ、三昧は智慧の助けによって深まっていきます。つまり、三昧に徹することによって智慧が開かれてくるというわけです。三昧に徹するとは、全人格的な自己集中のことです。このことの重要性は、『法句経』に、

「自己は実に自己の拠《よ》り所《どころ》である。他にいかなる拠り所があろうか。自己がよく統御されることによって、人は得がたい拠り所を獲得する」

とあるように、自己がよく統御されることです。

自己がよく統御されることの具体的な実践は、冥想であると私はとらえています。冥想することによって自己集中となり、全人格が統一され、そのことから三昧に入り、三昧の

習熟によって智慧が開かれてくるということです。このことが正見となります。正見に達すれば、煩悩のはたらきから離れており、無明の闇を破っていることになります。

以上は、『中部経典』に述べられている内容です。

次に、祖師方の取り組みを学んでいきたいと思います。まず、空海は、どのような見解をもっていたのでしょうか。『十住心論《じゅうじゅうしんろん》』には、

「十二因縁を観察し、四大五蘊《しだいごうん》を知って生死を厭《いと》わしく思う。花や葉を見て四相《しそう》の無常を覚り、山と集落に住んで冥想を修し三昧を体得する。業と煩悩の根源を三昧によって抜き、無明という種を三昧によって断ずる」

とあります。

十二因縁とは、人間の苦悩が因縁によって変化する様子を十二に分けたものであり、苦悩の根源を無明としています。

また、四大五蘊という要素の集まりで、人は存在しているというわけです。

四相とは、生・住・異・滅のことです。生とは生まれること、住は存在すること、異は変化すること、滅は亡ぶことです。生滅変化する四つの相を表しています。

空海は、人間の苦悩は因縁によって変化していると観察し、要素の集まりでしかない人

間の生存をいとわしく思っており、生滅変化に無常を感じているといえます。このような中で冥想を修し、深め、三昧を体得する。三昧の体得によって業と煩悩の根源を破り、無明を断ずることができると説いているのです。

空海の見解は、明解そのものです。冥想による三昧によって、無明を断ずることができると断言しているのです。このことは、前に述べた経典の内容と一致しています。

さらに空海は、『般若心経《はんにゃしんぎょう》　秘鍵《ひけん》』で、

「真言は不思議である。観想しながら唱えると、苦悩の根源である無明を除くことができる。一字に千の真理が含まれている。この身このままで真理を悟ることができる」

と真言を観想しながら唱えると、無明を除くことができると明言しています。

しかし、この真意は、単に本尊を観想しながら真言を唱えていれば無明が除かれるということではありません。真言の力を信じ、誦じ、念じることを続ける、とりわけ、真言を誦じて三昧を体得することにより無明を除くことができるわけです。

この三昧を体得することにより無明を除くことができるという見解は、前述した冥想による三昧によって無明を断ずるとの教えと全く同じことであるといえます。三昧の重要性を空海はここでも示しています。

それではなぜ三昧によって無明が除かれるのでしょうか。それは、三昧は自己の力ではないからです。三昧は、如来のはたらきだからです。無明を自己の力で除くことはできません。如来のはたらきによってしか除くことはできないのです。

真言を観誦《かんじゅ》して無明を除くという空海の考えと同じ内容を、親鸞は念仏ということで説いています。『教行信証』には、

「仏のみ名を称するならば、み名はよく人々の一切の無明を破り、よく人々の一切の願いを満たしてくださる。この称名はすなわち、最も勝れた、浄土に生まれることを決定する行為である。その行為は、念仏である。念仏は南無阿弥陀仏であり、この南無阿弥陀仏が信心なのである」

と、念仏こそ無明を破る最も勝れた実践であると述べています。

ただし、この念仏は、私が称えるという念仏ではありません。阿弥陀如来の救いに対して、全く疑いのない如来のはたらきかけによる完全な信心での念仏を指します。このような信心の念仏は、すでに私の念仏ではありません。阿弥陀如来のはたらきを受けている念

仏です。

阿弥陀如来のはたらきによるから、無明が破れるのです。自己の力で無明を破ることはできないのです。このことを親鸞の『浄土和讃』で見てみましょう。

「無明の闇《あん》を破るゆえ
智慧光仏と名づけたり
一切諸仏三乗衆
ともに誉めたまへり」

智慧光仏とは、阿弥陀如来のことです。阿弥陀如来のはたらきにより、無明の闇を破ることができると説かれているのです。

最後に、冥想と無明の関係についての私見を述べておきます。冥想に三昧が重要なことはいうまでもありません。無明とは、業熟体ということでもあります。

無限といっていいほどの過去から受け継いでいる業と、この世に生まれて自らつくった業とが複雑に影響しあって熟しているのが、今のこの私であり業熟体です。

無明は自己をこえており、自己の力ではどうすることもできません。冥想は、心を静めることです。心を静めるとは、自己のどこを静めているのでしょうか。それは、無明の闇の部分、業熟体の源底です。

このことは体験的にとらえていることであり、言葉でこれ以上説明はできません。この闇の部分、源底が静まり、静まることによって、闇・源底が切り開かれていくととらえています。

このようなとらえ方に至った根拠があります。冥想時に、冥想は自己の無限といってよいほどの過去をたどっていくことではないのかと気づいたことがあります。この後、冥想中の三昧を何度か体験する中で、無明の闇、業熟体の源底が切り開かれていくととらえることができるようになりました。

しかし、切り開くのは、自己の力ではありません。如来のはたらきです。自己の力でどうすることもできない無明の闇、業熟体の源底を自己の力で切り開くことはできません。如来の力によってのみ切り開かれるということです。

空海の三昧によって無明を断ずる、また、親鸞の信心による念仏によって無明を破る、との教えに同調することができるのです。


（平成十三年四月）

（一）　三乗衆　声聞・縁覚・菩薩のこと。

引用・参考文献

一、辞典

織田得能『織田 佛教大辞典』 大蔵出版 一九六二年

中村元『仏教語大辞典』 東京書籍 一九八一年

山折哲雄監修『世界宗教大事典』 平凡社 一九九一年

二、経典・聖典

『大正新脩大蔵経』 大正一切経刊行会 一九二五年

『国訳大蔵経』「大方廣佛華厳経」 国民文庫刊行会 一九二八年

『南伝大蔵経』 大蔵出版 一九三五年

『新訳聖書』 日本聖書協会 一九九一年

三、仏教書・教養書

赤尾龍治編　『盤珪禅師逸話集』正・続編　中山書房　一九七五年
坂本幸男・岩本裕訳注　『法華経』上・中・下　岩波文庫　一九八三年
玉城康四郎　『現代語訳 正法眼蔵』全六巻　大蔵出版　一九九五年
石田瑞麿　『教行信証入門』　講談社　一九九四年
高崎直道　『如来蔵思想の形成』　春秋社　一九七五年
金子大栄校注　『歎異抄』　岩波文庫　一九八四年
中村元訳　『ブッダの真理のことば・感興のことば』　岩波文庫　一九八九年
松長剛山・井上隆雄　『京の古寺から 高桐院』　淡交社　一九九五年
金子大栄　『光輪鈔』　コマ文庫　一九七七年
玉城康四郎　『ダンマの顕現』　大蔵出版　一九九五年
玉城康四郎　『仏道探究』　春秋社　一九九九年
中村元訳　『ブッダのことば』　岩波文庫　一九七八年
関口真大校注　『摩訶止観』上　岩波文庫　一九七七年
浅野晃編　『室生犀星詩集』　白凰社　一九九七年
増谷文雄　『仏教百話』　ちくま文庫　一九九三年

山折哲雄　『宗教の力』　ＰＨＰ新書　一九九九年
叡山学院編纂　『伝教大師全集』第一　比叡山図書刊行所　一九二六年
石田瑞麿訳　『歎異抄・執持鈔』　東洋文庫　一九六四年
玉城康四郎　『無量寿経・永遠のいのち』　大蔵出版　一九八八年
佐佐木信綱校訂　『山家集』　岩波文庫　二〇〇一年
玉城康四郎　『華厳入門』　春秋社　一九九二年
加賀乙彦　『死刑囚の記録』　中公新書　一九九九年
多畑應校注　『親鸞和讃集』　岩波文庫　一九七六年
宮坂宥勝編注　『興教大師撰述集』下巻　山喜房佛書林　一九七七年
五木寛之　『蓮如』　岩波新書　一九九四年
中村元訳　『ブッダ最後の旅』　岩波文庫　一九八七年
若林一美　『死別の悲しみを超えて』　岩波書店　二〇〇〇年
『弘法大師 空海全集』一巻、二巻、六巻、八巻　筑摩書房　一九八四年
渡辺照宏　『仏教を知るために』　大法輪閣　一九七六年
木津無庵　『新訳仏教聖典』　大法輪閣　一九八〇年
矢内原忠雄　『内村鑑三とともに』　東京大学出版会　一九六二年
長澤和俊訳　『玄奘法師西域紀行』　桃源社　一九六五年

木南卓一編　『十善法語』　三密堂書店　一九七三年
玉城康四郎　『東西思想の根底にあるもの』　講談社　二〇〇一年
山田無文　『むもん関講話』　春秋社　一九八三年
玉城康四郎　『近代インド思想の形成』　東京大学出版会　一九八〇年
中村元他　『大乗仏典』　筑摩書房　一九八〇年
木村清孝　『華厳経をよむ』　ＮＨＫ出版　一九九七年
中村元訳　『尼僧の告白』　岩波文庫　一九八二年

あとがき

私は毎月、観音寺、神戸の冥想の会、瀬戸内海の大崎上島の庵の三ヵ所で法話を続けています。観音寺では十四年、他の会所《えしょ》では十八年になります。本書は、平成九年以後の法話の中から選択し、少し手を加えてまとめたものです。

私は、どちらかというと人前で話すことよりも、お堂の中で坐すことを好むタイプです。唐の時代に、大梅法常《だいばいほうじょう》という禅僧がいました。律を学び、経論《きょうろん》に通じていましたが、満足することはありませんでした。あるとき、馬祖道一《ばそどういつ》という傑出した禅僧を訪ねました。大梅は、馬祖道一との問答の中で大悟したといいます。彼は、すぐに山中に隠れました。大梅と親しくしていた僧が彼を山から招こうとしましたが、大梅は断わり、さらに山奥に入ったということです。山中に四十年間隠れたまま、ついに山を出なかったとされています。

驚くべき修行態度です。私にはとてもも大梅のような修行はできませんが、この大梅の姿勢に共感を覚えるのです。それは、かつてこの大梅のような修行を模索していた一時期があったからです。

私は今も仏道を中心とした生活を続けており、法話の内容は仏道の歩みの中から出てきたものです。本書の「私の懺悔」にあるように、四、五年前から法話への心構えが変わってきました。人々に正しい教えを伝えなければとの思いが自ずと出てきたのです。

三年前の小本『行に生きる』（東方出版刊）は、私の二十数年間の仏道の歩みを記したものですが、本書は、人生の苦悩・迷いから共に救われたいとの願いから話した二十六編を集めたものです。

毎月法話を続けることができたのは、熱心に聞いてくださる縁者の皆様がいたからです。その人たちの熱意によって、私は導かれたとの感慨があります。

本書が、仏教の教えに救いを求めている方々への一助になればと思っています。

最後に、本書の刊行にご尽力くださった四方淑江氏、藤谷宗澄師、東方出版今東成人氏には心から謝意を表したいと思います。

二〇〇二年七月二十一日

著　者

田原亮演（たはら　りょうえん）

1944年広島県に生まれる。

1972年高知大学農学部農業工学科卒業。

1975年高野山専修学院卒業後、行の道に入る。虚空蔵求聞持法二度、八千枚護摩行九度成満。

現在、観音寺住職。

著書　『こころの泉』『施無畏』『やすらぎの信条』『行に生きる』

現住所　〒630-0251　生駒市谷田町1335　観音寺

救いの風景

2002年10月26日　　初版第1刷発行

著　者　　田原亮演
発行者　　今東成人
発行所　　東方出版㈱
〒543-0052 大阪市天王寺区大道1－8－15
TEL06-6779-9571　FAX06-6779-9573
印刷所　　亜細亜印刷㈱

落丁・乱丁本はおとりかえいたします。　ISBN 4-88591-809-X